Carlos Gutiérrez de los Ríos

Expedición a Argel

Barcelona 2024
Linkgua-ediciones.com

Créditos

Título original: Expedición a Argel.

© 2024, Red ediciones S.L.

e-mail: info@linkgua.com

Diseño de cubierta: Michel Mallard.

ISBN rústica ilustrada: 978-84-9897-345-7.
ISBN tapa dura: 978-84-9897-318-1.
ISBN rústica: 978-84-96428-45-4.
ISBN ebook: 978-84-9897-637-3.

Cualquier forma de reproducción, distribución, comunicación pública o transformación de esta obra solo puede ser realizada con la autorización de sus titulares, salvo excepción prevista por la ley. Diríjase a CEDRO (Centro Español de Derechos Reprográficos, www.cedro.org) si necesita fotocopiar, escanear o hacer copias digitales de algún fragmento de esta obra.

Sumario

Créditos	4
Brevísima presentación	9
La vida	9
Diario de la expedición contra Argel con algunas reflexiones, compuesto por N... que se halló en ella	11
Desde el 25 de mayo hasta 22 de junio	13
Reflexiones	17
Días 23, 24 y 25 de junio	19
Reflexiones	21
Día 26 de junio	23
Reflexión	25
Días 27, 28, 29, 30 de junio y 1.º de julio	27
Reflexiones	29
Día 2 y 3 de julio	33
Reflexiones	35
Día 4 de julio	37

Reflexiones	39
Día 5 de julio	41
Reflexiones	43
Día 6 de julio	49
Reflexiones	51
Días 7 y 8 de julio	55
Reflexiones	73
Instrumentos	107
Número 1	109
Número 2	111
Número 3	113
Número 4	115
Número 5	117
Número 6	119
Número 7	121
Número 8	127
Sobre el desembarco	135

Sobre la orden diaria y mando de los generales	139
Número 9	141
Número 10	145
Número 11	147
Número 12	149
Número 13	153
Situación de galeotas	155
Nota	157
Reparto de lanchas	159
Número 14	161
Nota	163
Número 15	167
Número 16	171
Libros a la carta	173

Brevísima presentación

La vida
Carlos José Gutiérrez de los Ríos y Rohán Chabot, VI Conde de Fernán Núñez (11 de julio de 1742-Madrid, 1795). España.

Nació en Cartagena y se casó en 1778 con doña María de la Esclavitud Sarmiento de Sotomayor y Cáceres, marquesa de Castelmoncayo.

Fue embajador de España en Lisboa y París y allí fue testigo de la revolución francesa.

Además de escribir libros compuso una obra musical religiosa titulada *Stabat Mater*.

Carlos José Gutiérrez de los Ríos ocupó puestos de relevancia en el servicio diplomático de España que le permitieron ser un cronista privilegiado de los grandes sucesos del siglo XVIII. La Expedición de Argel es un diario de la invasión española a Argel de 1775.

Diario de la expedición contra Argel con algunas reflexiones, compuesto por N... que se halló en ella

Desde el 25 de mayo hasta 22 de junio

1. Fue Cartagena punto en que se unieron convoyes con tropas, pertrechos, etc., pertenecientes a la expedición, que fueron llegando de Barcelona, Coruña y Cádiz. Todo se hallaba ya junto el 25 de mayo de este año 1775; pero desde este día hasta el 22 de junio se pasó embarcando batallones, escuadrones y pertrechos, esperando viento, y aún más principalmente en aprontar cosas que cada día iban ocurriendo como precisas.

2. El número de tropas y embarcaciones destinadas a la empresa se ve en un estado (núm. 1.º), de los instrumentos que acompañarán esta relación, con la mayor distinción e individualidad.

3. El capitán general de Valencia hizo que la guarnición de Cartagena reconociese por general de la expedición al Excelentísimo señor conde de O'reylly, antes de llegar a dicha plaza las tropas destinadas a la empresa, y aunque parecía regular que estas tropas conociesen también a su general, lo cierto es que no se lo hicieron conocer hasta la bahía de Argel el 1.º de julio, como se be en la orden núm. 2.º, donde S. E. mismo se da a reconocer con todos los demás generales y ayudantes de campo.

4. No embarazó esto el que desde Cartagena todos obedeciesen al conde de O'reylly. Este señor, conociendo, como Inspector general que es de toda la infantería, el mérito de los batallones y el de los oficiales, eligió de entre todo el ejército del rey los que creyó ser más a propósito para desempeñar sus ideas. S. M. le había dado todas sus facultades para

llevar consigo el número de tropas, oficiales y todo lo que le pareciese necesario o útil a la empresa. En consecuencia de esto, por su disposición, se hicieron todos los preparativos en todos los departamentos.

5. Mandaba la marina el Excelentísimo señor don Pedro Castejón. Este, para conducir las naves con felicidad, dividió todo el convoy en ocho trozos, distinguiendo cada uno de los demás por una bandera en el palo de trinquete. Otra bandera de varios colores en el palo mayor expresaba la carga que cada buque llevaba dio a cada trozo o división un jefe o comandante particular, que era el que daba las órdenes a toda la división. Cada división debía elegir en la ruta a su comandante, y cada buque tenía un número en su popa que le servía de nombre. Cada trozo debía en el mar formar una columna, y cada nave debía en ella seguir precisamente a su número inmediato que en el puerto le hicieron conocer, como también a su comandante particular. Este procuraba en el puerto instruir a los patrones de su división en la sucesiva formación que debían seguir a la vela, haciéndoles figurar con las lanchas la marcha y giros que debían hacer con las embarcaciones a la vela, instruyéndoles también de las dos embarcaciones entre quienes cada uno debía ir. El plano núm. 3.º hace ver esta marcha.

6. Formó en estos días con sumo secreto el general de las tropas un plan llamado de batalla, que no es otra cosa que la composición de las brigadas y la asignación de brigadieres y generales a las tropas, para que estos sepan su lugar y jefes. Este plan es el núm. 4.º También incluyo otros dos planos, núm. 5.º y 6.º, que hacen ver el cuartel general y el ejército

acampado. Estos tres planos no se publicaron en estos días ni después; pero a mí me los han proporcionado.

7. Distribuyóse en Cartagena a los generales y jefes de cuerpos una orden, núm. 7.º Diose otra a los comandantes de cada embarcación en un pliego cerrado, en cuyo sobre escrito decía que solo se abriese perdidas de vista las costas de España (núm. 8.º).

Reflexiones

8. De no haber estado las cosas prontas ya en Cartagena, se siguió el padecer bastante las tropas que llegaron de otras partes, pues desde su arribo hasta su salida el 23 de junio, sufrieron todas las incomodidades de la mar y la estrechez. Mejor fuera que hubieren esperado en sus primitivos destinos hasta que todo estuviera pronto.

9. También se siguió que se consumieron muchas raciones de armada que después hubieran podido ser útiles y aun precisas. Las tropas de Barcelona salieron el 9 de mayo para Cartagena con solo la provisión para tres meses, con que el 9 de agosto debían morirse de hambre. Las de los otros destinos sacaron de ellos también víveres para tres meses; pero como se embarcaron mucho antes, estaban ya el 8 de julio sin provisiones. Si los accidentes del mar nos hubiesen detenido, lo hubiéramos pasado mal.

10. El orden de marcha que el general de mar dio a su convoy, es muy bonito para escribirlo en el papel; pero impracticable en la mar. ¿Cómo es posible que 381 buques, todos diferentes en magnitud, número de marineros, patrones, estructura y jarcias, puedan andar igualmente como es preciso para observar la formación mandada? Diráse acaso que acortando o dando velas todo se iguala, si hay cuidado. Pero ¿cómo este cuidado puede ser igual en tantos buques? El descuido de algunos patrones, las averías, la variedad y desigualdad de los vientos, las noches, y en una palabra, todo conspira a la imposibilidad de la observancia del orden de marcha. Yo puedo decir, que en tres convoyes que he navegado y que

llevaban semejantes órdenes, ni un solo momento las han podido observar.

11. Este orden de marcha y división del convoy se hizo separando las diferentes calidades o especies de buques, poniéndolas en ocho divisiones separadas; pero como al cargar los buques en Barcelona, Cádiz, y Galicia, no se había tenido esta ociosa atención a la calidad, resultó que todo iba barajado, porque un mismo batallón o compañía se hallaba embarcada en dos o más buques, que por su calidad serían de divisiones bien distintas; lo mismo los pertrechos y demás, etc.

Días 23, 24 y 25 de junio

12. El 23 al amanecer se hizo por el navío Belasco, que era el comandante, la señal deseada para hacerse a la vela. Salió todo el convoy a costa de algunas averías; pero soplando viento contrario a nuestra ruta, en fuerza de otra señal, tomamos puerto la misma mañana en la playa de la Atugia, distante tres leguas de Cartagena al poniente; pero las naves y algunas embarcaciones de guerra se mantuvieron a la mar. Continuó el mismo viento y nuestro convoy en la misma situación hasta el 26. El 24 se dio la orden, núm. 9.º, por el conde de O'reylly y la orden núm. 10.º, por el general del mar.

Reflexiones

13. Aunque tres trozos o divisiones del convoy se hallaban ya de antemano en el puerto de Escombrera, distante del de Cartagena como una legua, con el fin de evitar la confusión y facilitar el orden de marcha mandado, como las embarcaciones estaban confundidas y mezcladas en el puerto, la salida a la mar era la misma para entrambos puertos, y como todos los buques a una señal se llevaron e hicieron a la vela, resultó la confusión y algunas averías en que quedaron algunos buques más o menos estropeados, y todos con la imposibilidad de buscar su lugar de formación, hecho un pelotón el convoy y no bastando todo el cuidado para evitar los abordajes.

14. Aquí se vio lo quimérico del orden de marcha, que si de algún modo pudiera observarse, fuera saliendo por divisiones; pero esto tiene el inconveniente de gastarse mucho tiempo en la salida.

Día 26 de junio

15. En este día por la mañana se hizo la señal de hacerse a la vela. La obedecieron algunos buques de guerra, entre ellos los seis únicos navíos en que iban los generales, y no permitiendo el viento de tierra, que calmó, salir más que ciento veinte embarcaciones, inclusos dichos navíos, esta parte del convoy tendió sus velas, abandonando el resto que quedó anclado. Uniéronse a éstos ciento veinte buques, dos fragatas que el Gran duque de Toscana mandó por nuestras auxiliares, y luego se perdió el todo de vista.

Reflexión

16. No fue puesto en razón que las ciento veinte embarcaciones abandonasen las restantes, particularmente no habiendo el viento precisado a ello, y debiendo el comandante llevar su convoy unido y a su vista para todo evento, y por lo mismo las tropas no debían quedar sin general, porque pudiera sobrevenir algún accidente o acaso en que lo necesitasen. Por ejemplo, pudiera el convoy verse precitado a anclar en la costa africana cerca de alguna población, y parecer útil, esperando viento, saquear la población, tomar prisioneros y noticias, y quemar el lugar y mieses. Nada de esto se podía hacer sin general.

Días 27, 28, 29, 30 de junio y 1.º de julio

17. El 27 continuó su ruta felizmente la primera parte del convoy, y habiendo abierto don Antonio Barceló, como comandante que quedaba del resto, un pliego que le habían dado en Cartagena para el caso de perder el convoy de vista, vio que en él se le mandaba pasar a Argel. Hizo la señal, y todos se hicieron a la vela a costa de algunas averías.

18. Diose en Cartagena a todas las embarcaciones semejante pliego que al brigadier Barceló, y para igual caso. Este pliego se volvió cerrado.

19. Los 28 y 29 continuó la primera del convoy su ruta felizmente, y el 30 ancló en la bahía de Argel.

20. La segunda parte del convoy se dirigió hacia la misma bahía, donde llegó el 1.º de julio, sacando al comandante del cuidado en que estaba ignorando el paradero de nuestra segunda parte. Esta pasó la noche del 30 en una bahía de la costa africana, llamada Serset donde se descubría un lugar no muy pequeño, pero no fortificado al parecer, y una batería a la orilla de la mar.

21. El 1.º de julio, en tanto que llegaba la segunda parte del convoy, salió S. E. con algunos ingenieros, y los generales a reconocer la costa desde la playa de Argel hasta la Punta de Pescada. Los moros al paso le tiraron una bomba y un cañonazo, que no le llegaron por estar muy distante. Los ingenieros levantaron un plano ideal o imperfecto de aquellas inmediaciones.

Reflexiones

22. De haber anclado la primera parte del convoy antes que la segunda, se siguió dar a los Argelinos un día para prevenirse, quitándoles la duda que podían tener sobre el paraje que queríamos insultar. Verdad es que los enemigos estaban ya muy prevenidos, y que, a mi parecer, habían ya concluido todas las defensas que creyeron serles útiles. Lo cierto es que cuando llegamos, enarbolaron muchas banderas en los castillos y casa del Dey, y que ya tenían formados y bien distribuidos varios campamentos. Para ostentar su bizarría, los moros a la ora de la retreta el 30 de junio hicieron algunas descargas, ya de artillería, y ya de fusilería, formándose a la orilla del frente de sus campamentos.

23. En el plano, núm. 11, se be la figura de la bahía y la situación que tomaron las naves a su arribo, que viene a ser como un cuadrilongo, cuyos lados exteriores eran de buques armados, y el centro era un confuso pelotón de barcas de transporte. Vese también en este plano la situación de la plaza en una ladera y la de las baterías que ceñían la costa entre las dos puntas.

24. En mi juicio no se empleó el cuidado que era necesario para que las naves anclasen con un orden tal que cada brigada se hallase unida y todo el convoy bien ordenado, a fin de saber donde se hallaba lo que podría necesitarse. Esto hizo después bien difíciles las órdenes y providencias del general,

pues solo en encontrar una embarcación, se gastaban muchas oras y repetidos emisarios.

25. El reconocimiento que se hizo jamás podría ser de grande utilidad, porque fue hecho a larguísima distancia y desde una embarcación a la vela.

26. Igual reconocimiento se hizo de lo restante de la bahía, paseándose los generales con algunos ingenieros en lanchas por entre el convoy y subiendo a aquellas naves desde las que les parecía podrían descubrir con sus anteojos. Este reconocimiento aún tardó en hacerse hasta el 5 o 6.

27. Los reconocimientos se deben hacer de cerca cuanto es posible, aunque en ello se arriesgue el pellejo, y deben hacerlos diferentes sujetos para que unos vean lo que a los otros se oculta. En mi sentir, puede reconocerse quasi toda la bahía sin peligro acercándose a tiro de fusil de la orilla, porque aunque toda la bahía está defendida de baterías, éstas están espaciadas de modo que de una a otra hay dos tiros de cañón largos por elevación, con que yendo derecho a tierra entre dos de ellas podrá verse todo sin peligro, y en prueba de esto, nosotros desembarcamos entre dos baterías sin que nos incomodasen poco ni mucho. Los objetos vistos de lejos parecen diferentes, o no se ven, y jamás se forma buen juicio de ellos ni de su situación, cosa que es bien necesaria para dirigir bien una empresa militar. Yo puedo decir que estaba en una embarcación de las nuestras próximas al paraje donde tomamos tierra y que tenía mi anteojo inglés, y aun con este auxilio no descubría las cosas como yo quisiera, ni distinguía bien los árboles de las matas, ni de las viñas, todo me parecía verde y nada más. La ladera opuesta me pareció siempre lisa

y suave, como parecen todas las que se miran de lejos sin distinguir los vallados, pitas, cercas, ni los montones de arena que había en la playa.

28. Yo hubiera querido que nuestros ingenieros, a más de hacer prolijos reconocimientos, hubieran levantado el plano de la bahía, no en croquis, sino con instrumentos que, según entiendo, y en los días que estuvimos en inacción, muy bien pudieran haberlo hecho. De este modo tendríamos a lo menos un papel bastante exacto, en lugar que ahora solo tenemos ideas confusas, como se be en la variedad de planos de la bahía que apenas concuerdan en nada, según lo que e oído a varios. Nadie sabe el número de cañones de que constaban las baterías ni su calibre, y no será de extrañar que aún se ignore el número de baterías.

Día 2 y 3 de julio

29. Fondeadas las naves en la forma dicha, trató el general el día 2 con los generales subalternos de la formación de las brigadas y del modo de ponerlas en tierra en la playa occidental del río Jarach, que fue el paraje que le pareció más oportuno. Todos los generales parece que fueron del dictamen del generalísimo, o porque entendían lo que él, o porque no quisieron replicar ni poner de manifiesto su dictamen, que acaso no tendrían bien digerido. Lo cierto es que, resuelta la cosa, se dio la orden núm. 12.º a las tropas, y la orden núm. 13.º a la marina. La primera orden manda desembarcar la mañana del 3, pero como no se pudo evacuar todo lo que en ella se manda, ni aun creo que todas las tropas la llegasen a saber hasta el 3, no pudo efectuarse, y se entendió para el 4 al amanecer. La 2.ª orden señala el lugar y ocupación a los buques de guerra como se be en el plano núm. 16.º

30. El mismo 2 salieron los ingenieros en el galeón a rectificar el plano que antes habían levantado ideal de la costa que medía entre la plaza y la Punta de Pescada. Esta noche se acercaron con la oscuridad algunos marinos a sondear el fondo.

31. Conformemente a la orden del 2, se juntaron el 3 las barcas de tropas que estaban esparcidas y confusas; pero no hubo en esto exactitud, porque solo se cuidó de juntar barcas no de que las deseadas brigadas estuviesen unidas. Proveyóse la tropa de cartuchos, galletas, queso, agua y vino para cuatro días; entregósela también los útiles y sacos que expresa dicha orden. Todas estas cosas no se pudieron entregar a todas las tropas hasta después, porque no estuvieron a punto para entregarlas; según oí, no pudieron encontrarse los bas-

timentos en que estaban. No estar la tropa bien provista de todo lo que mandaba la orden del 2, y el viento que refrescó la tarde del 3, hicieron suspender el desembarco.

32. Para desaguar las embarcaciones que debían batir, se trasbordó la tropa de tierra que llevaban a otras embarcaciones.

Reflexiones

33. El general tenía a su cuidado, no solo la autoridad suprema, sino también todas las funciones del estado mayor del ejército, a quien toca el detalle y la distribución de órdenes, y como nadie le era responsable de las faltas que en este particular se cometieron, no era difícil caer en ellas. En efecto, no se nombraron ni dieron a reconocer del ejército las brigadas, brigadieres ni generales. Este reconocimiento es absolutamente necesario para la formación del ejército, pues por él saben todos el lugar y jefes que el general le destina. Tampoco se dieron a reconocer los ayudantes del general, ni los de los demás generales, no obstante que es preciso para que los cuerpos sepan que el que les da una orden, en nombre de su general, es sujeto autorizado para ello. Cualesquiera oficial podía mandar lo que gustase, seguro de ser obedecido, y destruir un ejército por ignorancia o malicia. He oído que muchísimos oficiales el día de la función del desembarco llevaron varias órdenes, sin ser autorizados para ello, y aunque es cierto que las que daban eran órdenes del general, también lo es que éstas son cosas que quieren mucha formalidad.

34. En cuanto a la orden del general de tierra (art. 6), no me parece bien pensado lo que dice de que las lanchas con tropas marchen a tierra formadas en columna, porque al llegar a tocar la riva, las lanchas de las cabezas habrían de tomar tierra para hacer lugar a las que le seguían, y éstas deberían esperar a que las primeras estuviesen ya desembarcadas, y constando cada columna como de setenta lanchas, según mi cálculo, se necesitaría mucho tiempo para que las últimas tomasen la riva. En todo este tiempo, el más precioso del mundo, estarían las primeras tropas sin el auxilio de las últi-

mas, y sin poder obrar ofensivamente contra el enemigo, que, presentándose a el momento primero del desembarco, podría arrollar las pocas primeras tropas, precipitándolas sobre las lanchas. El desembarco en batalla tiene la ventaja de hallarse la tropa ya formada, la de poder hacer fuego desde la lancha y la de desembarcar con brevedad. Nada de esto se tuvo presente, o se despreció.

35. Puede ser que pareciese al general que, estando el convoy tan lejos de tierra, no podían las lanchas ir sin confusión a ella en batalla, como lo harían en columnas. Esta razón es fuerte, pero conviene mucho desembarcar y formar con prontitud cuando el enemigo está próximo.

36. En la orden dada a la marina, hallo que el Velasco toma lugar en combate y se aproxima a tierra apartándose del convoy necesariamente. No obstante esto, quiere el general que las lanchas vayan primero para distribuirlas a las brigadas y que desde su costado vuelvan al convoy a tomar tropas. Para efectuar esto, se gastaría mucho tiempo inútilmente en ir y volver al Velasco y en distribuir las lanchas con la oscuridad, cosa que no es muy fácil. Mejor fuera de antemano decir a cada lancha donde debía ir y la hora.

Día 4 de julio

37. No habiéndose efectuado el desembarco este día al amanecer, como se ha dicho, tubo el general tiempo para mudar de dictamen, resolviendo hacer el desembarco en otra playa. A las tropas no se comunicó esta resolución, pero el general de mar dio la orden núm. 14.º. En ella no se dice que la playa donde se va a desembarcar sea de la Mala Mujer; no obstante, nadie dudó en el ejército, que ibamos a ella.

Reflexiones

38. No he sabido la razón por que se mudó el paraje del desembarco: Naturalmente, no sería muy sólida cuando duró tan poco. Sea la que fuere, lo cierto es que aunque el desembarco en la Mala Mujer se hubiese hecho con poca oposición o sin ella, según los enemigos que la defendiesen, cuyo número ignoro, para conducirse después hasta Argel, habría que pasar mucho terreno quebrado y vestido, que favorece la guerra moruna y se opone y embaraza las maniobras de un ejército arreglado, y a la conducción de víveres y artillería, haciendo al mismo tiempo inútil la caballería y difícil la comunicación del ejército con el mar. Antes de resolver el desembarco en este paraje, debió tenerse muy presente y digerido todo esto.

39. En el artículo 2.º de dicha orden se manda clarísimamente que las lanchas del desembarco vayan a tierra formando una sólida línea, a fin de tomar tierra todas las tropas a un tiempo. Esto me parece bien, pero el artículo 6.º manda lo contrario, esto es, manda que se desembarque en columnas. En el artículo 10.º se ve lo mismo. Yo creo que este general quería que las lanchas marchasen a tierra en columnas, y que antes de llegar a tierra se formasen en batalla. Esto es bien meditado; pero no lo explican sus órdenes como debieran, haciéndose cargo de que parte de los oficiales que obedecen son más atónitos que pensativos.

Día 5 de julio

40. Habiendo faltado el viento terral para salir las embarcaciones y marchar hacia la Mala Mujer, quedó la resolución tomada sin efecto y el general mudó de parecer, insistiendo en la orden del 2 (núm. 12). Con esta idea dio la orden, núm. 15, bien que no se comunicó hasta el 6, y por esto se entendió para el 7.

41. En este mismo día se construyeron planchas con botas y tablones para llevar a tierra la artillería, y habiendo S. E. enviado a España un pingüe genovés con pliego para S. M., lo atisbaron los Argelinos, y saliendo de noche, lo apresaron, entrándolo en su puerto, arrimado a sus baterías de la costa, al remolque y a nuestra vista. Verdad es que el patrón, marineros y papeles se salvaron en la lancha, porque la aprehensión fue cerca de nosotros. Después oí decir que el patrón perdió su pingüe, porque lo abandonó antes de tiempo. El general de mar dio la orden, núm. 15.

Reflexiones

42. Bien pudieran haberse construido las planchas antes; pero oí que no se previno antes este expediente o su utilidad, y que por esto se alargó el plano del desembarco para la madrugada del 7, aunque estaba mandado para la mañana del 6.

43. Pudiera también haberse hecho en Cartagena la prevención de algunos barcones chatos o lanchones, que son muy útiles para desembarcar tropas. Solo se llevaba dos lanchones que se bautizaron con el nombre de cañoneras. Éstas tenían un cañón de a doce cada una para proteger el desembarco: para esto se hicieron, no para desembarcar. Véanse las prevenciones que hizo el duque de Montemar para el desembarco y conquista de Orán, y se formará más cabal juicio de estas cosas.

44. Por las órdenes citadas y por los planos de batalla y campamentos inclusos, se ve que el general dispuso formar las tropas a seis de fondo. Voy a decir brevemente lo que en contra se me ofrece. Nuestra disciplina, prescrita por las reales ordenanzas, es toda conforme y fundada en el sistema del fuego, que es de tres de fondo, ¿por qué pues variarla repentinamente? Si nuestra disciplina se juzga buena para vencer los que no son moros, ¿por qué contra los moros se ha de juzgar mala? bien al contrario, los moros nos exceden en número; nosotros les ganamos en disciplina. Si aumentamos fondo, disminuimos frente, y es fácil tomarnos el costado o espalda. El mucho fondo asegura al enemigo sus tiros, la tropa no tiene costumbre de esta formación, y el quinto y sexto soldado quiere tirar y tira en lo vivo de una función, no

componiéndose con su ardor estarse sin hacer alguna cosa, y sucede que mata a sus mismos compañeros, como lo habemos experimentado. Mejor que seis de fondo, es una segunda línea o siquiera un fuerte cuerpo de reserva. Los seis de fondo no pueden subsistir contra un doble ataque, porque los de delante creen contrario el fuego que sus compañeros hacen hacia atrás y los turba. Seis filas que, separadas, resistirán un ataque, no lo resistirán juntas. Por fin aventajamos a los moros en cargar y tirar con presteza, esto es, en el fuego. ¿Porqué pues abandonar esta ventaja conocida, renunciando voluntariamente al fuego de las últimas filas?

45. También mandó S. E. que las tropas hiciesen un fuego graneado libre. Es cierto que este fuego tiene la ventaja sobre el fuego uniforme de que en éste el soldado más expedito no tira más que lo que tira el más torpe. En aquel el torpe tira como torpe cuando puede, y el expedito cuanto puede como tal, de que se sigue que el graneado libre es más vivo que el uniforme. Otra ventaja: en el graneado libre, se tira sin sujeción y hecha la puntería, se dispara antes de perderla; pero en el uniforme el soldado apunta maquinalmente y lleva su atención a oír la voz más que a hacer y conservar la puntería que, bien o mal hecha, dispara. De que se infiere que el graneado libre es más fijo o certero que el uniforme. Por fin, en el graneado, el soldado no pierde un instante y conoce más bien su fusil. No obstante estas ciertas ventajas, yo no hubiera adoptado el fuego graneado, porque la tropa solo debe hacer en el día de una acción lo que tiene costumbre de hacer en los ejercicios doctrinales. Los días de función no son para ensayos; el soldado tiene mucho de máquina.

46. La embarcación que nos tomaron fue para nosotros un desaire y una afrenta para la escuadra. Yo no sé porque no

se mantuvieron a la vela y a la mar día y noche algunas embarcaciones armadas para descubrir, apresar o proteger las naves que llegasen o saliesen, etc. Esto hecho, no hubiéramos perdido la embarcación ni expuesto nuestros pliegos. Salía alguna vez algún jabeque que luego volvía a entrar.

47. Tal vez pensó S. E. que estando todos los buques anclados y ocultos entre las puntas de Montefus y de Pescada, sucedería que algunos buques enemigos ignorantes se meterían dentro sin advertir, y se le vendrían a las manos, como en efecto sucedió con un barco francés que de Túnez traía efectos pertenecientes a los Judíos de Argel y algunos moros que se escaparon en la lancha. Esta razón podría disculparlo el primer día, no los siguientes, porque la noticia de nuestro arribo volaría por la costa.

48. Advertí en éste y en los días antecedentes que para la seguridad del convoy rondaban de noche en su torno inmediato, y aun por entre él, algunas lanchas armadas y mandadas por los jóvenes oficiales o guardias marinas. Desde todas las embarcaciones por donde pasaban se les gritaba: ¡ha de la lancha! Pregunto ¿si los moros hubieran sido advertidos, no nos hubieran dado fuego introduciéndose entre dos lanchas de ronda, no pudiendo equivocar el claro por las voces que de becerros parecían? Las rondas debían ser dos, una cerca, otra lejos del convoy, particularmente en la presente más expuesta.

49. Yo aseguro que no las tenía todas conmigo cuando pensaba que los moros podían disponer un barco incendiario, soltándole las velas y atándole el timón de manera que el solo viento lo llevase al convoy y le diese fuego. Nada arriesgaban en esto, que sin exponer un hombre, y sin más costa que el de

un viejo barco, podían reducir a cenizas nuestra escuadra. En Flandes se usó de semejante artificio para romper y quemar un puente.

50. Otra cosa me ocurría también, y es que los moros tenían armadas galeotas y barcones o baterías flotantes que después vimos, y si de noche al remolque los hubieran arrimado, pudieran habernos bombeado y cañoneado sin perder un tiro en la espesura de nuestro convoy, prendiendo tal vez fuego a algún barco de pólvora. Si nuestras embarcaciones tomaban el partido de hacerles fuego, sobre poder sernos peligroso con la oscuridad y desorden que necesariamente resultaría, porque el patrón expuesto querría levarse y huir a otro lugar, siempre sería nuestro fuego de poquísimo efecto contra unos barcones que apenas salen del agua y que están parapetados sin tener palos ni velas ni dar objeto aun de día, cuanto más de noche, pudiendo irse moviendo cada instante.

51. Si el general tomaba el partido de enviar contra ellos galeotas, podrían los moros tener las suyas prontas para este caso y embestir las nuestras que, viéndose atacadas y sorprendidas, no sé cómo hubieran salido del lance, tanto más que las nuestras no podían recibir auxilio del fuego de nuestras naves, porque con la oscuridad les perjudicaría; los jabeques podrían largar los cables o cortarlos y, haciéndose remolcar, envestir las baterías flotantes, pero esto es maniobra larga y arriesgada por la oscuridad. Yo no dudo que el general hubiera hallado medios de salir del empeño; pero también creo que hubiera habido desgracias y desorden, que tal vez hubiera parado en llevarse parte del convoy, dándose

de cabezadas, y en todo caso nuestra pérdida más o menos era infalible y la de los moros despreciable.

52. En nuestros días quisieron los Ingleses bombardear a Génova, y con solas dos baterías flotantes que construyó el ingeniero don Jaime Sicre, ahuyentó la armada inglesa y las bombardas.

53. Para evitar todos estos daños que nos pudieron venir y hubieran venido si yo hubiese sido moro, yo hubiera tenido todas las noches algún barco de guardia cerca del puerto y una buena lancha lo más cerca que pudiese de su salida, para que al salir cualesquiera embarcación, hiciese alguna convenida señal; de este modo, conociendo el mal con tiempo, tendría remedio, y no hubiéramos perdido el pingüe.

54. Quitóse en este día el mando de las galeotas a sus comandantes poniendo otros. Díjose que esto fue porque hicieron alguna falta considerable. Aunque yo no sé cuál sea, no dudo que la hicieron, porque los marinos hablan con misterio de esta providencia que jamás pudiera haberse dado sin motivo o pecado gordo

Día 6 de julio

55. Creyéndose desembarcar el 7, partió oí 6 a las once del día un navío hacia nuestra derecha; pero cuando lo vieron los moros a distancia de tiro por elevación, le hicieron fuego con los cañones de dos baterías que tenían en aquella parte. Los primeros cañonazos no llegaron; pero le dieron los segundos y le cortaron el cable de la ancla con que dio fondo. Esto fue causa de que el navío, dejándose llevar de las corrientes, se apartase de una batería y se acercase más a la otra, que estaba más cercana a la plaza, y por consiguiente más apartada del desembarcadero. Correspondió el navío a ambas baterías con su fuego vivísimo y superior, que rompió a las cuatro menos cuarto de ésta tarde.

56. A esta misma hora sacaron al remo los moros del puerto, arrimados a la costa, seis o siete pontones o baterías flotantes, que tiraron algunas bombas y cañonazos sin efecto, por la mucha distancia a que se detuvieron; pero habiendo nuestro general enviado contra ellas algunas embarcaciones, se retiraron al instante a su puesto, luego que conocieron que se les iba a atacar. No falta quien asegurase que el navío echó a pique uno de estos pontones; pero lo cierto es que yo, que procuraba verlo todo, no vi esto, ni lo creo, porque el navío las tiró algún cañonazo a tanta distancia, que creo que ni por elevación podía tocarlas. Algunos creen que dichos pontones eran galeotas; yo creo que habría algunas galeotas que acaso remolcaban los pontones, pero la mayor parte de estas embarcaciones eran pontones o baterías flotantes, pues tiraban bombas.

57. Empeñado este navío en su fuego, fue otro en su auxilio y quemó su pólvora a mayor distancia. Esto mismo hicieron

otros dos navíos a nuestra izquierda contra la batería del Jarach. Acabóse este vivísimo fuego con el día sin fruto alguno y se separaron los navíos de las baterías.

58. Oí en este día que el general de mar estaba resuelto a dar un castigo ejemplar al capitán del navío que rompió el fuego, porque decían haber traspasado la orden que tenía, y porque se apostó a tiro de pistola de las baterías. Apenas se hallaba uno en el ejército que no creyese y asegurase que el navío estaba pegado a las baterías. Diré después lo que entiendo en este particular. Lo cierto es que habiendo el capitán de dicho navío informado a su general a la noche de todo lo que había pasado, calmó su enfado, y no solo no le castigó, sino que le aprobó también su conducta, y todos los marinos por esta acción le declararon héroe después; también el ejército le alabó mucho.

59. En este día se dio la orden núm. 2, en que S. E. se hace reconocer por general, nombrándose en ella todos los demás generales etc., señalándoles su lugar y mando en la línea. Para entender mejor esto, véase el plano núm. 4.º

Reflexiones

60. La orden de la marina núm. 13.º, art. 14, manda a los navíos que vayan a situarse y tomar el lugar de combate a las nueve y media de la noche con el mayor silencio. Esto es bien pensado, porque desde esta hora hasta la madrugada siguiente en que se debía hacer el desembarco, hay bastante tiempo para llegar a sus destinos de que distarían como una legua más o menos. ¿Quién creería, si no lo hubiera visto, que estos navíos, no obstante esta expresa orden, se fuesen a colocar a las once del día, adelantándose diez horas y media y aclarando a los moros la duda que podrían tener sobre el paraje elegido para desembarcar? Me persuado que verbalmente se les mandó lo que hicieron, porque, a no ser así, S. E. los hubiera castigado, como merece falta tan grave, a que se siguió la de dejar el lugar de combate al anochecer, manifestando miedo y dando lugar a los moros para que en esta noche reforzasen las baterías colaterales a desembarcadero, engrosando sus merlones y levantando tierra delante para cubrirlas.

61. Si el adelantar la ora de apartarse hubiere sido con el fin de que en esta tarde quedasen arruinadas las baterías enemigas, muy bien; pero no fue éste el fin, pues no lo pusieron en práctica ni lo intentaron, porque se detuvieron a tanta distancia de las baterías, que era imposible ofenderlas. Esto es cierto, y para asegurarlo, me fundo en lo que se sigue.

62. Muchos estuvimos mirando dar las andanadas enteras de un navío en el agua. Esto no podía ser sino por estar muy lejos de tierra, porque no es regular que tantos artilleros fuesen malos. Aun cuando lo fuesen, no podían todos errar por

bajos. Viendo esto, creyeron algunos que el navío tiraba a metrallas y que las balas del agua eran algunas que de la metralla se aterraban. Pensaban éstos así, porque no podían creer que un navío hiciese tan vivo fuego sin fruto.

63. Llegaban no obstante a la playa algunos cañonazos, esto es cierto, pero de la incertidumbre extraordinaria de ellos se infiere claramente que los artilleros tiraban por elevación, esto es, a larguísima distancia y sin poder hacer puntería; no es creíble otra cosa.

64. En tantas oras de vivísimo fuego el navío no pudo hacer callar las baterías ni un instante, siendo de pocos cañones respecto a él. ¿Cómo pudiera esto ser así, si la batería fue de cerca como suponen, cuando en Inglaterra tienen en poco, y aun se castiga, al capitán de un navío que no ha arruinado una batería enteramente a las seis oras de batirla?

65. Dícese que sufrió nuestro navío, luego estaba cerca. Yo digo que de lo que sufrió se infiere que estaba lejos, porque en tantas oras de continuo fuego y entre centenares y millares de cañonazos que le tiraron, solo le dieron veinticinco, y sus muertos fueron uno. Un amigo que vio en Cartagena componer el navío, me asegura que ningún cañonazo le atravesó el costado. El que más hizo fue dejarle la bala pegada al costado. ¿Qué quiere decir esto sino poca fuerza en las balas y poca dirección en los cañonazos, y de esto no se infiere claramente que le tiraban de lejos por elevación y sin tino por consiguiente? De que el navío padeciese alguna cosa, tampoco se infiere su proximidad, pues los cañones de los moros alcanzaban más que los nuestros, porque los cargan con más pólvora, y porque el alcance desde tierra siempre es

mejor que el de mar. De que se infiere que aunque padeciese el navío, podía no padecer la batería por la mucha distancia.

66. Hablo de solo un navío, pues los otros batieron a mayor distancia, gastando todos la pólvora inútil y ociosamente y haciendo su fuego despreciable o poco temible.

67. No faltó quien tuviere a mal que los navíos se retirasen con la oscuridad, pues se decía que pudieran haber embarazado el trabajo que los moros hicieron en esta noche, y aún pudieran haber hecho.

68. En la orden dada este día se olvidó señalar lugar de batalla a la brigada de Mallorca, mandada por don Claudio Macé, y también se omitió u olvidó de decir los batallones de que debería componerse, según el plan de batalla. El batallón de Mallorca, el de Navarra, los dos de Saboya, con dos batallones formados de compañías de granaderos, debían formar dos brigadas mandadas por el brigadier coronel de Mallorca y por el coronel de Saboya. Estas dos brigadas debían formar el cuerpo de reserva; pero en dicha orden, aunque todo se explica con suma claridad, ninguno de estos batallones se nombra ni se les señala su lugar y ocupación, cosas que me admiran.

Días 7 y 8 de julio

69. No se hizo el desembarco la madrugada del 7 como se tenía mandado, lo 1.º porque, según oí, los patrones extranjeros, no queriendo exponer sus lanchas en el desembarco, no acudieron a llevar las tropas, pretextando que su contrata no les obligaba a esto; lo 2.º porque no pudiendo acordarse los mayores de brigada (de alguno me consta por lo menos) con los marinos sobre la distribución de lanchas, causó esto alguna confusión; lo 3.º porque algunos comandantes de buques de tropa no quisieron soltar sus propias lanchas que estaban destinadas a llevar otras tropas; lo 4.º porque algunos buques de tropa procuraban agarrar cuantas lanchas pasaban junto a sí aunque fuesen a otros destinos; lo 5.º porque todos los patrones enviaron sus lanchas a tomar tropa. Todo esto contribuyó a que la tropa no estuviese embarcada y pronta para marchar a tierra hasta las cinco y media de la mañana, y solamente parte de ella Viendo esto el general, y haciéndose cargo de que había ya pasado el tiempo más oportuno, mandó que la tropa volviese a sus buques, difiriendo el desembarco para el 8, y para tener tiempo de remediar cualquiera incidente que pudiese diferir el desembarco, anticipó la ora de desembarcarse las tropas, fijándola a las nueve de la noche del 7, quedando, en cuanto a lo demás, las demás órdenes anteriores en su fuerza y vigor.

70. Efectivamente, a las nueve de la noche estaban ya las brigadas por la popa del Velasco, habiéndose evitado los embarazos de la noche anterior y cumplido exactamente las órdenes de este día.

71. Mantuviéronse las brigadas revoloteando en torno del Velasco como hasta la una de la noche, habiendo tiempo

para llegar a tierra al apuntar el día y no antes. En estas horas los oficiales de marina que se habían nombrado para dirigir las brigadas de acuerdo con los sargentos mayores de ellas, procuraron formar sus lanchas con algún orden, para que al saltar en tierra no hubiese confusión; pero sus buenos deseos no se cumplieron sino en parte.

72. Como a las diez de la noche se oyó sonar hacia la ciudad un tambor o atabalillo que llamaba sin duda algunos moros para tomar las armas.

73. Las corrientes, que eran bastantes, aunque el mar en la superficie parecía quietísima, nos llevaban a tierra antes de tiempo. Para evitar esto, daban las brigadas bordadas a derecha e izquierda, lo que fue causa de confundirse unas con otras las brigadas que iban en columnas, y también entre sí mismas se embrollaron. Previnose a un coronel, para evitar los enredos y extravíos, atar todas las lanchas de su batallón unas a otras con cuerdas, lo mismo que las cuentas de un rosario. De esto se siguió que las lanchas que atravesaban para buscar sus compañeros se embrollaban en las cuerdas y detenían el rosario entero. Esto produjo algunas voces, contribuyendo a perder el encargado silencio los marinos directores que lo mandaban.

74. Distaría el Velasco y convoy de tierra dos leguas cortas. Lo infiero de que un cañonazo por elevación alcanza una legua corta, y de que observé que los cañonazos moros por elevación se quedaban a menos de la mitad de esta distancia; y para que las brigadas no equivocasen el paraje destinado para el desembarco, estaban ya colocadas como a media legua de tierra todas las galeotas. Éstas ocupaban justamente el espacio necesario para desembarcar. La galeota del centro

tenía dos faroles y las dos de los costados tenían el suyo: así estaba bien marcado el paraje donde debían dirigirse las columnas de lanchas.

75 Siguiendo pues estas luces, iban las brigadas a encontrar las galeotas con la oscuridad; pero los directores de ellas no cuidaron de que su brigada fuese precisamente a encontrar la galeota que le correspondía según el rango de su brigada. Todas las dirigían al centro y así las brigadas se iban arrimando más y más unas a otras a medida que nos acercábamos a tierra.

76. Llegaron las tropas a las galeotas al apuntar el día, ora en que empezó el fuego de cuatro navíos, dos a nuestra derecha y dos a nuestra izquierda, bien que a larguísima distancia y solo con el fin, al parecer, de distraer y amedrentar al enemigo.

77. Aquí empezamos a ver que por todo el espacio, entre dichos dos y dos navíos que cañonean las baterías colaterales a desembarcadero, estaban colocadas las dos fragatas toscazas, algunas nuestras, los jabeques, las galeotas y los dos lanchones cañoneros. Todos estos buques estaban tan pegados a tierra, más o menos, según el humor de sus comandantes o el modo de entender las órdenes que tenían. La situación de estas naves se ve en el plano núm. 16.

78. También empezamos a ver de cerca las arenas y notamos que no había en ella moros ni otro obstáculo que nos embarazase pisarlas. Esto llenó de alegría a todos, y al aire de voces y vivas, los marineros bogaban a porfía con un brío indecible; pero cuanto más nos acercábamos a tierra, más se aproximaban las brigadas, ya fuese por temor de las bate-

rías enemigas colaterales, que ya hacían fuego desde que lo empezaron los navíos, o ya porque el alboroto distrajese su atención.

79. Notamos también que el paraje del desembarco era entre dos baterías, la del Jarach, y su más próxima hacia la plaza. Estas baterías están entre sí tan distantes que dejan bastante lugar en el medio para desembarcar sin peligro, porque sus fuegos no se crucen. En el plano núm. 16, está marcado este paraje.

80. Distaríamos de tierra como un tiro de fusil cuando la gritería no permitía entendernos y cuando de todas las brigadas se halló formado un apretado pelotón sin movimiento. Los unos reñían a los otros porque se les echaban encima, los otros, queriendo ser los primeros a tomar tierra, reñían a los que se le estorbaban. Por fin de todo, era un pelotón en que nadie tenía su lugar y donde ni se podía mandar ni obedecer. Así estuvimos un poco hasta que, empezando las lanchas más próximas a la arena a desembarcar, hacían lugar a las que las seguían en el pelotón, que así se fue desembrollando. Esto se pasó, sin que el enemigo pareciere en este momento, que nos pudiera haber dado que sentir.

81. Íbamos en este primer desembarco como unos 8.000 hombres escasos, entre ellos todos los generales; iban también todos los granaderos del ejército, y lo restante hasta dicho número era de fusileros. Estas tropas eran de todos los cuerpos del ejército, esto es, que no iba a tierra en este desembarco cuerpo alguno entero, porque iban solamente los granaderos y algunas de las primeras compañías de los batallones, de modo que todos los cuerpos tuvieron tropas

en las naves y en tierra al mismo tiempo. Iban de cada batallón como 280 hombres.

82. Según el plan de batalla, había tropas de reserva mandadas por don Diego Navarro. Estas tropas parece que deberían ser las últimas a tomar tierra y lo mismo sus jefes; pero no fue así, porque fue batallón también en este primer desembarco y desembarcaron con todas las demás progresivamente y muy mezcladas, conforme lo permitía el pelotón de la mar y la estrechez del espacio en que desembarcamos. A mi parecer, el lugar en que tomamos tierra contendría escasamente una brigada en batalla a seis de fondo.

83. Cuando las tropas llegaron a tierra, y se ensancharon para formar, dejaron detrás de sí algunas galeotas y hicieron inútil su fuego sin que a sus comandantes ocurriese que haciendo o derecha o izquierda, debían tomar nuestros costados y flanquearnos. Según oí, también faltó en esto un jabeque de quien dicen que se quejó en la playa.

84. Cuantos oficiales se hallaron en el desembarco y los que no se hallaron admiran y no entienden dos cosas: la primera es, cómo habiendo mandado el general, la orden núm. 12, que luego que se tomase tierra se formasen tantas columnas como brigadas, no hicieron caso de esta orden ni las tropas ni sus generales, ni aun el generalísimo, pues a presencia de todos formaron las tropas en batalla sin saber por qué y sin que nadie se lo mandase ni embarazase; la 2.ª es que principio pudo tener la extraordinaria dislocación de las tropas en este orden de batalla en que se veían muchas tropas fuera de su lugar; hallábanse veinte hombres a la derecha, treinta a la izquierda todos de una misma compañía, etc., y no solo

esto, sino que se veían tropas tres a seis, a nueve, doce y hasta veintinueve de fondo: véanse también claros. Todas son cosas bien, irregulares por cierto. Yo creo que entiendo el modo de satisfacer estas dudas. Voy a explicarme.

85. La mezcla o confusión que las tropas tenían en la línea vino de la confusión en que estaban en el pelotón del mar; la misma causa tuvo el orden de batalla.

86. A proporción que las lanchas del pelotón llegaban a la orilla, el oficial o sargento formaba la tropa de su lancha y marchaba adelante como 60 pasos, siguiendo las primeras lanchadas a los generales que se pusieron a su cabeza para guiarlas y adelantarlas los sesenta pasos. Las lanchas que se seguían también formaron a la orilla, y luego que el oficial tenía ya formado la de su lancha, marchaba adelante con ella hasta emparejar con las primeras tropas y con los generales. Estas segundas y terceras lanchadas de tropa iban adelantando hasta los generales, no todas a un tiempo, sino conforme iban llegando del pelotón, y sucedía que una lanchada al llegar a los generales, hallaba ya otras tropas de las primeras formadas a su frente y se quedaba atrás duplicando el fondo. Otra lanchada, al llegar a los generales, no hallaba tropa delante de sí y emparejando con ellos, hacía alto sin saber que hacerse, y así las demás lanchadas creyendo la formación en batalla que veían como empezada o bosquejada, la procuraban perfeccionar llenando claros a porfía y las lanchadas que no hallaban tropas delante duplicaban, triplicaban, etc. los fondos. Así se halló en un instante todo el primer desembarco formado en batalla. Para entender esto, es preciso tener bien presente el pelotón del mar o remolino con que las lanchas estaban, como también que estas lan-

chas desembarcaban progresivamente y sin atención de una a otras, esto es, que cada una marchaba hasta los generales separadamente de las tropas, y a más debe atenderse a que las lanchadas no marchaban los 60 pasos unas tras otras o por el mismo camino, si no por su frente.

87. De esto se infiere claramente que la formación en batalla que nadie mandó no fue tan voluntaria como algunos piensan, fue quasi forzosa resulta de la confusión que las tropas del primer desembarco sacaron del remolino de la mar, porque ¿qué hará un oficial con media compañía, si se hallaba a la izquierda debiendo estar en el centro, viendo que las tropas de junto a sí no son de su columna o división, y si a esto se añade el no encontrar quien le guíe o le advierta, ni tal vez quien le responda? ¿Qué hará? ¿Buscará su división que no sabe dónde para, embrollándose con otras en el camino? Necesariamente este oficial hará alto; otro oficial con las mismas dudas hará también alto a su lado y algún otro más allá, todos quasi al mismo tiempo, y así en un instante se halla bosquejado un confuso orden de batalla que otras tropas procuran perfeccionar. En efecto, así se formó en batalla, sin que nadie lo mandase ni lo embarazase, porque para nada se tomó providencia. Los generales dejaron obrar a las tropas y callaron; lo mismo sus ayudantes.

88. No estaba enteramente formada la línea cuando atisbé que el general pisaba las arenas hacia la derecha del ejército. Lo primero que hizo fue enviar todos sus ayudantes repartidos por la línea, quedándose con ninguno. Esto me hizo creer algún movimiento en las tropas, o que iban a mandarnos formar en columna; pero luego vi que nada mandaban

los Señores ayudantes, después supe que habían ido a la línea sin llevar orden alguna. Así lo dijeron algunos de ellos.

89. Advierto que en este tiempo acudieron algunos generales y otros hacia el general dándole parabienes de la felicidad del desembarco. Veía S. E. concluir la formación en batalla y nada decía. No intentó formar las columnas ni reprendió a nadie por no haberlas formado desde el principio. Acaso cuando pisó la tierra, vio las tropas muy embrolladas y adelantadas en la formación, y creyó que habría mucha confusión si mandaba formar las columnas, y que dado caso que se llegasen a formar, sería cada una una baraja de naipes, en que los cincos tendrían el lugar de las sotas. Creería acaso también que los moros no le darían lugar para formar sus columnas, y por esto no providenció desde luego esta formación, aunque la considerase precisa, pues la creyó impracticable.

90. Para comprender lo que sigue es preciso tener bien presente el plano de bahía a que añado, para mayor inteligencia la sucinta discreción que sigue.

91. Desde la punta de Pescada, y aún más allá, hasta el río Jarach, hay una cordillera de montes interrumpidos por algunos barrancos. Estos montes, más elevados hacia dicha punta, van siendo más bajos a proporción que se acercan al Jarach, donde terminan. Desde este río Jarach hasta la otra punta de Montefus es todo llanura, lleno de jarales o pequeños matorrales, bien que inmediato al Jarach hay una suave loma que insensiblemente se desaparece hacia Montefus. Esta distancia se reputa de dos leguas.
Por toda la orilla del mar desde el Jarach a la plaza, que será de dos leguas, hay un arenal que tendrá como 250 pasos

de ancho, poco más o menos, según los parajes donde desembarcaríamos. Dichas arenas, llevadas por el viento o las olas, formaron barios montones o desigualdades y son sumamente incómodas al piso. Desde el arenal hasta la cumbre de los montes, hay una ladera que sigue la interrupción de los montes y su pendiente es hacia la mar. Al fin del arenal y principio de la ladera empiezan las huertas que se extienden ladera arriba hasta que la rapidez de la pendiente embaraza el riego. Las huertas están separadas unas de otras con cercas, pitas, zarzas, higueras, etc. y por lo regular están muy llenas de árboles frutales. Dichas laderas, aunque desde la mar me parecieron lisas y suaves, al estar en tierra vi que había en ellas muchos embarazos y desigualdades de consideración.

92. Los barrancos que hay en estas laderas que veíamos desde la mar parece que no profundan o que no se meten dentro del país; pero yo no dudo que muchos de ellos calan dentro, y mucho: lo infiero de su profundidad y figura y dudo mucho que me engañe.

93. La distancia entre las dos puntas que forman la bahía se reputa de cinco leguas por la orilla. Ésta está llena de baterías, cuya situación, la de la plaza y la del castillo del emperador se ve en los planos, núm. 16.

94. Formada pues la tropa, como se ha dicho, en batalla, empezaron los moros la función con un balbuciente tiroteo, parecido al de los croatos. Estos tiros se oían, mas no se veían los que tiraban. A este mismo tiempo se presentaron ante nuestras tropas de la derecha como unos ocho o diez moros que llevaban dos banderas alistadas que clavaron en

la arena. Venían éstos hacia nosotros muy despacio, pero empezó nuestra tropa su fuego y los mató a quasi todos.

95. No obstante que no veíamos moros en todo nuestro frente, continuaba su tiroteo y perdíamos gente. Nosotros hacíamos continuo fuego, lo que fue causa que muchos de nuestros oficiales creyesen terrible el fuego de los moros confundiéndolo con el nuestro.

96. Apenas estábamos enteramente formados, cuando la caballería enemiga, viniendo de dos campamentos, uno hacia el Jarach y otro hacia la plaza, intentó tomarnos ambos costados; pero como para atacarnos era preciso que viniese largo trecho por el arenal de la orilla que estaba enteramente descubierto a nuestras naves de derecha e izquierda, tubo dicha caballería que retirarse con pérdida. Ésta y otras veces que después intentó el mismo ataque, jamás se verificó que llegase a incomodar nuestra infantería de los costados a quien solo llegó a presentarse uno y otro caballo que a costa de rodeos se aparecía entre los árboles. No obstante, la aprensión de la tal caballería hizo que se formasen martillos de los costados. Algunos dicen que estos martillos se formaron al mismo tiempo que el orden de batalla; pero se engañan, porque tardaron mucho tiempo en formarse.

97. El rechazo de la caballería se debió enteramente a las naves, sin que en él tuviese la más mínima parte el ejército. Las fragatas toscazas y algunas nuestras por nuestra izquierda y los jabeques por la derecha lo hicieron todo, ayudadas aquellas y éstos por las galeotas.

98. Continuaban los moros su tiroteo cubiertos de sus pitas y montones, sin presentarse a nuestras tropas. Visto esto por

el general, se propuso de desalojarlos de sus abrigos. A este fin mandó avanzar las compañías de cazadores que de antemano se habían formado, una por batallón, Avanzaron éstas con efecto; pero viéndose acribilladas y sin ver al enemigo; se retiraron con pérdida, sin haber conseguido ventaja alguna.

99. Hacían fuego las tropas y la artillería que había desembarcado; pero no se veía efecto alguno de este fuego, porque ni enemigos se veían, a excepción de uno a otro que se veía tirar de detrás de algún montón de arena o que salía como a insultar, o tal vez a cortar la cabeza de alguno herido o muerto.

100. Viendo el general que mantenerse en la formación de batalla era perder su gente a chorrillo, sin hacer daño ni incomodidad al enemigo, pensó en que avanzase la línea y lo mandó a toque de caja. Avanzóse a bayoneta calada; oblicuando y ganando terreno hacia nuestra derecha; pero como no se veían enemigos, parecía ridícula la bayoneta calada, no habiendo donde clavarla sino en las pitas del frente.

101. He oído decir que la línea avanzó sin orden del general, y también he oído que esto es falso. Lo que yo sé es que avanzó a son de caja y que con la línea avanzaron personas graduadas. No es regular que los tambores tocasen la calacuerda sin que se lo mandasen, ni que los sujetos graduados avanzasen sin parecerles que obraran bien. Como salió mal el lance, nadie quiere confesarse autor. Yo confieso no dudé que el avance era dispuesto por el general, pues no lo intentó estorbar, pero si S. E. no quiere confesar suya esta providencia, ni los otros generales tampoco, porque realmente no fue cosa de éstos ni de aquel, nada me importa. Lo positivo es que no se han hecho averiguaciones contra el

autor del avance, siendo esto un delito enorme si el general no lo mandó.

102. La línea avanzando llegó a las pitas y abrigos de los enemigos; pero no se metió dentro, porque hizo alto al llegar a ellos. Así estaba la línea sin saber qué partido tomar, porque le era imposible pasar adelante en la formación que tenía, los embarazos eran muchos, y la línea en batalla no podía adelantar, aun cuando no hubieran enemigos al frente. En esta detención o inacción estaba la línea, cuando se envió a preguntar al general lo que debería hacerse y se oyó sonar la retirada en la retaguardia junto al mar. Se retiraron las tropas en virtud del tambor que lo ordenaba, y bastante confusas, llegaron por fin a la orilla del mar sin que nadie las persiguiese. Esta retirada se hizo como a las ocho horas de la mañana, con la particularidad de que hubo batallones que se retiraron como es regular, y otros que lo hicieron andando para atrás.

103. En el tiempo de esta batalla (si es que así puede llamarse) no se vieron moros, a la excepción de uno o otro, de modo que el oficial que más vería en toda la función serían cincuenta, y éstos los vería en veinte veces. Aun cuando llegamos a sus abrigos o pitas, no se vieron, ni las tropas ligeras que entraron en las huertas adelantándose bastante de la línea vieron enemigos a su frente. No obstante no verse moros, no cesaba su tiroteo y nuestra pérdida.

104. Sacaron los moros durante la función por nuestra izquierda como unos treinta camellos, y los iban conduciendo hacia la derecha por nuestro frente. Piensan algunos que los moros querían parapetarse con ellos, y otros creen que lo hacían para ahuyentar nuestra caballería, pensando que es-

taría ya desembarcada. Como quiera, llovieron sobre los pobres camellos tantas pelotas de plomo, que, cojos o muertos, quedaron en el campo todos con parte de sus conductores.

105. Aunque no veíamos moros al frente, los veíamos en la cumbre fuera de tiro de fusil y aun de cañón. Éstos estaban mirando lo que pasaba sin hacer movimiento alguno. De tanto en tanto se veía que de la cumbre bajaban a la acción ya dos y ya cuatro moros, nada más.

106. Las tropas del 2.º desembarco fueron llegando a chorrillo; esto es: ya llegaba una lancha, ya dos, ya tres, y a proporción que iban llegando, o se conducían a la acción, o formaban el doble martillo, o se quedaban inmediatas a la mar, sin saber qué hacerse. Estas últimas fueron las que ayudaron a los ingenieros a trazar un retrincheramiento a la orilla, y lo empezaron a ejecutar; pero lo concluyeron las retiradas tropas, que tuvieron a gran dicha hallar agua dulce en el mismo retrincheramiento y a cortísima profundidad.

107. Este retrincheramiento era tan pequeño, que su frente no llegaría a 700 varas; según oí, se hizo para el cuerpo de reserva solamente. Como quiera, las tropas se hacinaron en él; pero como todo él estaba dominado por naturaleza del terreno, empezaron desde luego a sentir las tropas este defecto de difícil remedio. Como el terreno iba subiendo desde el retrincheramiento hasta la cumbre, los moros en cualesquiera parte se hallaban más elevados y descubrían nuestras atrincheradas tropas y las herían o mataban.

108. Más que esto congojó a nuestro ejército un cañón de la batería de nuestra derecha, que, enfilando con acierto el re-

trincheramiento, mataba muchos, siendo mayor su estrago porque las tropas estaban muy apiñadas.

109. Este cañón había tirado toda la mañana hacia la mar y no hacia el ejército, que lo hubiera incomodado. Yo creo que esto sería por no hacer daño a su caballería que quería atacarnos por la parte del cañón. Otros creen que fue ignorancia de los moros.

110. Viendo el general el estrago de dicho cañón, pensó embotarlo de dos modos: el uno fue enviando al ingeniero don Antonio Narváez al Velasco para que hiciese presente al general de mar el perjuicio del cañón y que convenía desmontarlo a toda costa. El general de mar no dio providencia sobre esto, que yo sepa. El de tierra le volvió a enviar otra vez al mismo Narváez, y este segundo recado tampoco surtió efecto, y el cañón tiraba, amedrentaba y destruía a su satisfacción, sin que nadie se lo estorbase en todo este día y noche, porque los dos navíos que batían hacia esta parte dirigían sus fuegos, no a la batería de dicho cañón, sino principalmente a otras más apartadas, cuya destrucción (aunque se hubiese verificado) nada mejoraba nuestra suerte. Este cañón en fin no se desmontó como debiera: tampoco las baterías de muy lejos.

111. El otro medio que se practicó para evitar el estrago de dicho cañón fue mandar S. E por boca de don Francisco Longoria, oficial de Guardas españolas, que por todo el retrincheramiento se construyesen espaldones perpendiculares a la frente del retrincheramiento. Hízose esto al momento y quedó el retrincheramiento en todo semejante a un bancal

de cardos aporreados, detrás de cuyos espaldones estaban los soldados sin peligro.

112. Dichos espaldones tenían la cabeza unida a la frente del retrincheramiento, y su cola dejaba un pequeño espacio entre ella y la mar, para dar paso a las tropas. Se ve en el plano.

113. Abrigadas pues las tropas, resolviendo el general el reembarco y abandono de la empresa, con este fin mandó se restituyesen los cañones y artilleros de la 2.ª remesa o división a sus buques antes de tomar tierra, bien que estaban ya en camino. Al mismo tiempo se retiraban efectos por todo el día. Al principio de la noche se reembarcaron ya las tropas ligeras, a quienes fueron siguiendo otras, siendo las últimas un batallón con tres compañías de granaderos de Guardias españolas. Su brigadier quedó mandando la retirada, y se retiró, como debía, el último con la luz ya del día siguiente, no habiéndolo podido hacer antes por falta de medios y porque tenían expresa orden de no abandonar la playa hasta que para ello tuviese orden del general. Dicho brigadier representó al general las circunstancias en que se hallaba, haciéndole presente que con las pocas tropas que tenía no podía subsistir si aclaraba el día. Esta justa representación no sé que llegase al general. Éste envió la orden de retirarse a dicho brigadier, yo no sé por quien; me han dicho que un granadero llegó a la playa con ella.

114. En el tiempo que estuvimos en el corral o retrincheramiento los moros no parecieron ni nos atacaron; tiraban sí algunos fusilazos; nosotros también. La tropa que no guarnecía el parapeto descansaba con negligencia de sus armas. En este asunto puedo decir que creo que parte de ellas esta-

ban inservibles, por la arena que se metió en cañones y llaves. De esto fue causa el general, pues mandó que las tropas para descansar echasen armas, y como la arena es tan movediza, luego las cubría. Debieran haberse hecho armeroles con los porta-fusiles. El poco cuidado de las armas se infiere de ver que se hallan en los batallones muchísimos fusiles trocados con otros batallones y aún ay batallones a quienes faltan sin señal de ochenta a cien fusiles. Ha gastado cada batallón solo en habilitar sus armas como 1.600 reales.

115. Los moros en toda la función no dieron aquellas voces y gritos que acostumbran dar en las peleas, sin que se sepa que razones hubo para que obrasen en esto contra lo que hacen siempre. No falta quien diga que dejaron de gritar por miedo.

116. Hízose al fin la retirada o reembarco con toda felicidad y sin la menor oposición, sin que en ella hubiese otra particularidad que la de haberse reembarcado tropas de la izquierda sin saberlo el que mandaba, de modo que estuvo parte de la izquierda del retrincheramiento sin un español que la guardase, y sin que el que mandaba lo supiese. Bien pudieran los moros haber entrado sin peligro por esta parte, y sin duda nos hubieran sorprendido, porque ignorábamos lo que pasaba en el mismo retrincheramiento; pero habiendo el que mandaba enviado un oficial a ver lo que había hacia la izquierda, y trayéndole éste la noticia de que estaba desguarnecida, providenció con la mayor prisa de que con su poca tropa se mantuviese fuego continuo por todo el retrincheramiento, a fin de engañar al enemigo, y lo engañó con efecto, pues no le atacó creyendo lleno el retrincheramiento. Sin duda pensaban los moros que no estábamos aun de humor

de retirarnos, y esto les hizo negligentes en hacer las diligencias regulares y obvias para averiguar lo que se pasaba en la mar y en el retrincheramiento.

117. De esto se infiere que faltaron los que se retiraron sin advertirlo al que mandaba; faltaron también los que pasaban la palabra, pues debían conocer la falta de tropas por la falta de palabra de que debían dar parte. En este retrincheramiento tampoco había continuas rondas como debiera; santo y contraseña tampoco.

118. No llegó a desembarcar la caballería, sin duda porque, puesto el general en tierra, vio que lejos de servirle, le sería embarazosa, inútil y aun perjudicial, no pudiendo maniobrar y debiéndola sostener; y también porque ya se creyó el día y todo perdido cuando acabó de desembarcar la infantería última, que era el momento de desembarcar la caballería última.

119. Reparóse en el reembarco que los oficiales de marina que dirigían las grandes lanchas y botes de los navíos y fragatas por fuerza tomaban la carga en la mitad del camino a las lanchas mercantes que venían de tierra, haciéndolas volver por nueva carga, mientras llevaban ellos la pillada a las embarcaciones. Criticóse este modo de obrar; yo no lo apruebo tampoco absolutamente ni lo repruebo, porque podía suceder que tuviesen orden para ello o que lo hiciesen para estorbar que los mercantes gastasen un tiempo tan precioso en inútiles y perezosos rodeos.

120. Clamóse en este día contra el general porque no había nombrado gentes como es costumbre para retirar los heri-

dos, y porque no hizo saltar en tierra el hospital de la sangre. Es cierto que no vimos las tales gentes y que si el herido se retiraba, era porque algún amigo lleno de caridad le ayudaba, faltando a su obligación. Pero he oído por cierto que estando ya el ejército en tierra y en vista de los clamores de los heridos, mandó su S. E, a don Lorenzo Rolan, cirujano mayor del ejército, que saltase en tierra con algunos ayudantes y ligaduras; pero ateniéndose dicho Rolan a un capítulo de su ordenanza quirúrgica en que no estoy instruido, no saltó en tierra ni envió ayudantes.

121. No puedo decir a punto fijo nuestra pérdida en este día; pero con bastante fundamento creo que no llegó a 3.000 hombres; entre muertos y heridos; pero dejamos al enemigo trece cañones, dos obuses, casi todos los útiles y sacos. La pérdida de los enemigos se echa de ver por lo que diré en las reflexiones.

Reflexiones

122. Es asunto de los hombres grandes el saber dirigir bien un desembarco, porque es muy difícil hacerlo con método. Cualesquiera cosa que se yerra u omita lo echa todo a perder. Yo confieso que la providencia del día 3 de juntar las barcas de tropas me gustó, pareciéndome que contribuiría esto al buen éxito. Después de reflexionada la cosa, no la hubieran yo mandado cómo se hizo, porque las barcas con infantería serían como sesenta; todas estaban juntas, las lanchas que habían de llevar tropas eran como 381: todas éstas habían de acudir por cargar a las sesenta. Reflexiónese qué gritería y embrollos han de resultar con tantas lanchas juntas, que parecerían un enjambre de abejas, y qué dificultades no habría de costar el desembrollar las brigadas con la oscuridad. Lo que yo tengo por más acertado en este particular y en las circunstancias de Argel, es hacer juntar las barcas de una brigada en un punto, lo mismo las otras brigadas; pero éstas separadas unas de otras cuanto se pudiese, sin caer en otro inconveniente. Cada lancha particularmente debe saber, antes de se atracar de su bordo, la brigada cuya tropa debe llevar y el lugar en que se halla. Mandar que todas las lanchas acudan a un pelotón confuso formado de todas las brigadas y esperar a destinarlas al tiempo mismo de embarcar la tropa, como dice la orden núm. 13, art. 28, no me gusta. Tampoco me parece bien la orden núm. 15, arts. 2 y 3, en que para repartir las lanchas se atiende a que todas las brigadas lleven precisamente determinado número de tropa a tierra, trabajando para esto los mayores de brigada y los marinos. ¡Qué complicaciones! Mucho mejor fuera hacerlo bien y en un instante, dando 70 lanchas, por ejemplo, a cada brigada, grandes o chicas. Esto no puede tener más inconveniente que el de llevar a tierra más hombres la brigada que casualmente

tenga mayores las lanchas o más apretados los hombres. Y esto ¿qué importa? ¿Qué quiere decir veinte uniformes blancos en lugar de veinte azules, para que los pobres mayores anden a vueltas con sus listas de barco en barco y los marinos con el equilibrio de la igual capacidad de las lanchas? La distribución de éstas en la orden núm. 15, art. 6, también tiene sus inconvenientes. Si se reflexionase, encontrarán toda esta orden, aunque no lo explica, no podría tener otro efecto que el de poner tropas en tierra confusamente. Algunos marineros, conociendo las dificultades de hacer un desembarco con orden y método, prefieren el expediente de llegar al paraje y desembarcar sobre la marcha, echando las tropas en tierra de cualquiera manera confundidas, dejando el cuidado de ordenarlas a los jefes de tierra después de haber ya desembarcado. Los de este dictamen alegan en su favor la prontitud del desembarco. Los que opinan al contrario dicen que siempre se debe evitar la confusión. Ésta es inconveniente, si hay enemigos que esperan; pero si no los hay, no es mucho inconveniente. El general de tierra quiere siempre hallar sus tropas perfectamente formadas y ordenadas al pisar las arenas, y el de marina no aspira sino a meterlas en tierra, para quedar sin embarazos. Esto es lo regular. La dificultad está en unir ambas ideas por un buen medio que satisfaga ambos generales, y que de él resulten las mayores ventajas al servicio del rey.

123. El primer error que se cometió en el desembarco fue el de no aproximar a tierra las barcas de tropas, pertrechos, hospitales, y las que tenían efectos que pudieran ser necesarios y útiles en los momentos primeros. Si acaso se creyó que era exponerlos al fuego del enemigo, esto sería estar destituido de conocimiento en alcances de cañón. Las fragatas toscazas, las nuestras, nuestros jabeques y galeotas estaban

situadas todas, o por lo menos, parte de ellas a menos de tiro de fusil de la playa, y en esta situación que conservaron todo el día y noche del 8, nada padecieron, ni el fuego enemigo pudo incomodarlas. Algunos de estos buques estaban varados en tierra, y todos ocupaban los costados del desembarcadero, esto es, estaban más cerca de las baterías enemigas que el centro del paraje donde desembarcábamos, que es justamente donde deberían haberse situado los buques de tropa, etc. a fondo era muy a propósito para acercarse.

124. De no haberse aproximado, se siguió: 1.° hacer tardo el desembarco, porque las segundas tropas tardaron mucho; 2.° que los remeros y las tropas se fatigaron inútilmente en las lanchas; 3.° que éstas se mezclaron unas con otras, como era preciso en tanta distancia; 4.° que los heridos no tuvieron puntuales los regulares alivios; 5.° que dejamos muchas cosas al enemigo que se hubieran retirado sobrándonos tiempo; 6 ° se sigue estuvo parte a lo menos del ejército expuesta a ser pasada a cuchillo por un enemigo cruel y sanguinario.

125. Aunque en la orden núm. 13 toma lugar el Velasco en el combate, no dejó el que tomó cuando llegó a la bahía. Los navíos he dicho que hacían su fuego a tanta distancia, que era su efecto despreciable, como se comprende de que en todo este día no desmontaron las baterías a que tiraron con viveza. Criticase esto y se atribuye a las órdenes del general de mar el que los navíos no se acercaron. Lo que yo veo es que la orden núm. 13, artículos 2 y 3 manda a dos navíos situarse a siete brazas o menos de agua, a fin de batir el fuerte del Jarach. En los artículos 6 y 7 manda situar otros dos navíos, y aunque no señala las brazas a que se deben poner, ni qué deberán hacer, es regular creer que deben obrar contra el fuerte o batería de la derecha, lo mismo que los otros

dos contra la de la izquierda. Los capitanes de los navíos yo no sé cómo entendieron esto de batir un fuerte, que quiere decir destruirle y arruinarle, y para esto es preciso acercarse. Sin duda creyeron que batir es lo mismo que cañonear, y así lo hicieron; pero si hubiesen leído el artículo 4 de esta misma orden, hubiesen visto que en él se manda a la fragata Santa Marta que se sitúe inmediatamente a uno de dichos navíos y que esté pronta a acercarse a la playa para acabar de batir el fuerte. Esto quiere decir que como la fragata cala menos agua, se acercará más al fuerte para deshacer sus reliquias cuando los navíos hayan ya enteramente desmontado sus cañones y deshecho los merlones, con el fin también de embarazar la reposición de este fuerte. Yo no sé qué salida darán a estos cargos que resultan de la orden del general de mar, contra los capitanes de los navíos. Podría ser que el general verbalmente les mandase lo que hicieron, en cuyo caso el general es responsable de todo. Yo no sé esto; pero me persuado que el general fue la causa de que los buques de guerra diesen al ejército motivos de quejas, porque no hallo verosímil que justamente todos los capitanes obrasen lo mismo contra una orden expresa. El ver que habiendo obrado así no se les ha castigado, me confirma en mi concepto, a más de que la orden núm. 13, artículo 1, confirma mi creencia. Todo el ejército se dio por contento y satisfecho de los auxilios que le franquearon los buques menores de guerra, los jabeques, las toscazas, y se resintió de lo poco que hicieron nuestros buques mayores, extrañando ver que todas las fragatas y jabeques tenían las mismas órdenes que las toscazas, como se ve en la citada orden, y no obstante esto, con una misma orden, unos buques se acercaron a tierra y los otros se quedaron lejos; unos entendieron una cosa y otros la contraria.

126. He dicho también que en el primer desembarco iban tropas de todos los cuerpos. Ésta es una cosa que jamás hubieran yo hecho, porque me parece que contribuye a la confusión. Mucho mejor es, en mi juicio, desembarcar cuerpos enteros, pues aunque un cuerpo al tomar tierra se embrolle en sí mismo, es fácil componer esta falta. Los oficiales y soldados se conocen y saben el lugar de cada uno en su propio batallón, y la emulación de ser preferidos para el primer desembarco los hace obrar con mayor espíritu.

127. He dicho también que en el primer desembarco iríamos como 7.000 hombres, porque lo dice su S. E. en sus papeles; pero, a la verdad, yo no creo que llegamos a 6.000, ni a 5.000, porque sobre que a la vista me pareció todo el desembarco de 5.000 hombres a lo sumo, computando 381 lanchas por otras tantas embarcaciones del convoy, y a quince hombres una con otra, resultan 5.715 hombres en el primer desembarco. Aunque los buques de guerra tenían más de una lancha, había otros muchos buques que ni una útil tenían. Algunas lanchas, que no eran las peores, remolcaban barcos de guerra; otras llevaban pertrechos, y no faltaron otras que se agacharon. El computo de quince hombres por lancha es sin duda el más prudente, respecto que las lanchas, sobre ser muy pequeñas, generalmente llevan más remeros de los que necesitaban. Siendo pues esto indudable, ¿no es un milagro que los moros no arrollasen estos 5.000 hombres precipitándolos en la mar? cuando menos debían haber ido en el primer desembarco los dos tercios del ejército, esto es 12.000 hombres. ¿Y cómo 5.000 hombres podrían resistir y

mantener la playa tres oras que debía tardar la segunda remesa? Éste es demasiado arrojo, tanto más que estos 5.000 hombres estaban fatigados de las noches anteriores. Repito que se debieran llevar de Cartagena barcos chatos para desembarcar aprisa. ¿Si los moros se hubieran mezclado con los 5.000, como pudieron y debieron haberlo hecho, qué fuera de nosotros? Verdad es que el general había puesto tropas en algunos buques de guerra próximas al desembarco para tenerlas más cerca y más a mano. Esto no era mucho socorro ni podría llegar a tiempo, si los moros no tuviesen en sus cabezas 300.000 españoles, como algunos españoles 300.000 moros.

128. Luego que pisamos las arenas, y mientras tanto que las tropas se formaban, yo no vi que nadie se adelantase a la frente con motivo de reconocer el terreno y el enemigo que no parecía. Es muy regular el desear saber noticias del contrario y de su situación.

129. Yo no sé a qué atribuirlo; pero es cierto que en este día fatal solo hubo un ayudante del general muerto y dos heridos; no obstante, quasi todas las órdenes que el general dio las llevaron otros oficiales del ejército, haciendo asunto de curiosidad el lugar donde estuvieron los señores ayudantes y qué es lo que hicieron.

130. El avance de la línea de quien nadie se confiesa autor, lo tengo por cosa mal pensada, porque ¿a qué viene avanzar una línea con la bayoneta calada, cuando no hay enemigos

delante, y cuando se ve claramente que el avance no se puede continuar y que se da el flanco al enemigo?

131. Dicen algunos que es cierto que no era posible que la línea en batalla pudiese adelantar ni subir a la altura opuesta, y que tampoco en columnas podría subirse. Yo no dudo que las columnas hubieran llegado y dominado la altura, lo primero; porque conozco el valor de las tropas, y lo segundo, porque no había quien nos lo embarazase, como se infiere del siguiente cálculo.

132. Por el plano del campamento y orden de batalla consta que nuestro frente de batalla debía ser de 2.790 varas; pero como parte de las tropas que debían estar en este frente contribuyeron a la formación de los martillos, y parte duplicó, triplicó, etc. los fondos, y aun parte quedó atrás a la orilla, como se ha dicho, y como los intervalos entre los cuerpos eran pocos o ningunos, quedó el frente muy disminuido y reducido como a 1.000 a 1.500 varas a lo sumo. Luego los moros que cabían en nuestro frente serían 1.500 a lo sumo, necesitando una vara cada uno. No es regular ni creíble que los moros, detrás de sus pitas y estrechos abrigos, estuviesen a más que a uno de fondo; lo primero, porque necesitan mucho lugar para cargar sus escopetones; lo segundo, porque carecen de unión y disciplina, y lo tercero, porque no pudiendo tirar unos detrás de otros, no es creíble que los de atrás estuviesen mirando los de adelante sin hacer nada, pudiendo irse a otra parte.

133. Pero cuando estuviesen a tres de fondo, que es lo sumo, serían 4.500 los moros de infantería que nos estaban a la frente; es verdad que nos excedieron en frente convengo en

la mitad más, y serían los moros de 1.500 a 2.250 en la primera y más prudente suposición y de 4.500 a 6.750 en la segunda. Su frente nos excedía en poco porque las embarcaciones barrían nuestros costados y su fusil no llegaría. Bájese de estos números la mitad, por los claros que había sin moros a la frente, y se verán los moros con quienes nos escopeteamos.

134. Nadie de cuantos oficiales y soldados presenciaron la función vio en toda ella de cincuenta moros arriba, y estos, en veinte veces, ni aun cuando llegamos a las pitas, y ¿en qué puede consistir no verlos, sino en que no los había?

135. Nadie vio hacer movimiento alguno a los moros de infantería, ni hicieron esfuerzo alguno por nuestra derecha, izquierda o centro. Si hubieran muchos moros al frente ¿no se hubieran visto bullir o maniobrar intentando o fingiendo varios ataques? ¿No nos hubieran cargado en la retirada, siendo éste su frente? ¿No hubieran embarazado los trabajos del retrincheramiento? ¿No lo hubieran atacado? ¿No los hubieran visto por lo menos nuestras tropas ligeras que entraron en sus abrigos y huertos en que por ociosidad se divertían en comer frutas? ¿Es fácil ocultar un ejército que nunca está quieto, a tiro de fusil, sin verlo, no estando bajo de tierra?

136. Hay quien diga que los moros estaban colocados en anfiteatros en la pendiente de la montaña. Yo no lo creo, porque la pendiente no era tan fuerte que permitiese anfiteatros, y para ganar un poco de altura, unos tras de otros, era preciso estar los de atrás muy atrasados y fuera del alcance de fusil. Prueban algunos la multitud de los moros, diciendo

que fueron muchos muertos y heridos, y que debieron ser muchos los matadores. No se hacen cargo los que así piensan que la función duró un día y una noche y que los moros tiraban con acierto y elección, como se infiere de que son más los oficiales muertos y heridos de lo que corresponde al número de soldados. El cañón mató a muchos.

137. De esto se infiere que peleamos con pocos, y tan pocos, que nadie podrá persuadirse. Es verdad que había moros en la cumbre como espectadores o mirones de lo que pasaba. Éstos no entran en esta cuenta, porque luego hablaré de ellos, incluyéndolos en el cálculo de todo el ejército argelino.

138. La caballería enemiga que quiso tomarnos los costados tampoco está comprendida en este cómputo; pero puede calcularse por el espacio por donde venía, y suponiendo que vendrían de frente cincuenta caballos y veinte de hilera (aunque realmente era un pelotón), serían 1.000 los caballos de la izquierda, y póngase otros tantos por los de la derecha. Comprendo que este cómputo es excesivo; pero con él se puede formar idea de esta caballería. Esta tropa parecía la más escogida y brillante entre los moros. De éstos murieron muchos al fuego de las naves.

139. Es cosa que admirará oír lo que digo y ver que, no obstante, nos retiramos. ¿En qué pudo consistir esto? Yo solo sé que cuando las tropas llegaron a las pitas y vieron la imposibilidad de pasar adelante en la formación que tenían, hicieron alto por precisión, y como este avance se había hecho sin destino ni objeto, preguntó el brigadier de Guardias españolas por un oficial suyo al general el quid faciendum in hoc casu, y esperó firme su resolución, que parece fue la de

mandar sonar la retreta. Esto es lo que pasó, de que se infiere que nos retiramos porque el general quiso.

140. Quejóse S. E., pasada la función, de que las tropas al pisar la tierra, no hubiesen formado en columnas, como estaba mandado en la orden núm. 13, y atribuyó a esto las desgracias que se siguieron. Ya he dicho en otro lugar que no haberse obedecido esta orden provino de la confusión que las tropas sacaron de la mar, y esta confusión fue causada por el que las mandó ir a tierra desde tan lejos. En fin, no se formó en columnas ni se procuró practicar dicha orden, de que S. E. se queja. No tiene ya remedio. Pero si se hubieran obedecido al general en esto ¿qué hubieran sucedido? Nadie lo sabe. Yo creo que no hubiéramos sido más felices, porque si S. E. quería en estas columnas, compuestas de 7.000 hombres, esperar las tropas del 2.º y 3.º desembarco, en el tiempo de esperar hubieran sido mayor nuestra pérdida, porque como las columnas son larguísimas, llegarían con sus cabezas cerca de los abrigos del enemigo, de donde nos matarían gente con toda comodidad. Si S. E. pensaba con solas estas pocas tropas en columnas subir a la altura antes de llegar el 2.º desembarco, esto era exponerlo todo, porque en la cumbre y en el camino hubieran habido fuerte función, en que hubiéramos perdido gente, y las ganas tal vez de subir con las facultades de bajar. Yo comprendo que pues no es prudente pensamiento el de no esperar el 2.º desembarco para subir a la altura, la formación en columnas para esperar es peor que la de batalla, porque da menos fuego y porque no cubre y oculta tan bien los trabajos que se hacen detrás. Discurriendo por lo que vi en la función, digo: que cualquiera de las dos formaciones solo son buenas o malas según la del enemigo. Éste no solo no tenía formación al frente con quien

comparar la nuestra, sino que aun se duda que hubiese al frente moros para formar un batallón.

141. En mi juicio, todo lo que hicieron estos 7.000 hombres hasta llegar los restantes fue mal hecho, y la formación de columnas lo mismo se la hubieran hecho. En aquellas circunstancias solo había un partido que tomar y no se pensó en él. Desde el punto que se llegó a tierra, se debió haber procurado por todos los medios hacer un retrincheramiento a la orilla del mar. Éste hubiera servido para cubrir las tropas y esperar su total desembarco, para ordenar los batallones que estaban confundidos, y en fin, para aprontar en él todos los efectos que pudiesen servir para después y para desde él reconocer las cosas más de cerca. Ya habían llegado las tropas del 2.º desembarco, cuando un oficial que vino con ellas advirtió a S. E. la utilidad de un retrincheramiento que S. E. aprobó y fue el que se hizo. No solo se omitió hacer un retrincheramiento al principio, sino que tampoco se usó de la común precaución que se practica siempre en los desembarcos y pasos de ríos cuando el enemigo está cerca, que es la de armar lo primero a la frente y costados porciones de caballos de frisa, sembrando también abrojos, bien que éstos no harían mucho mal a los caballos enemigos, aun cuando los pisasen, porque la arena cede y los ocultaría. La instrucción dada en Cartagena dice que los ingenieros irán con la tropa del primer desembarco y que harán algunas obras. Esto prueba que S. E. quería retrincherarse. Yo lo creo así; pero como esta instrucción fue únicamente para los generales, estos, y también S. E., se olvidaron de ella al pisar tierra. Los ingenieros la pisaron con las primeras tropas; pero nada cuidaron de retrincheramiento. Naturalmente, no tendrían

la orden, o en la misma playa se les mandó no hacer cosa alguna hasta ver el semblante de las cosas.

142. El retrincheramiento que se hizo, sobre el defecto de ser muy pequeño y malo en su especie, tubo el de estar dominado y enfilado. Con los espaldones se remedió en parte la enfiladura. No se puede negar que la providencia de formar los espaldones fue la más acertada que se podía dar. Con el mismo fin, si bien se reflexiona, se conocerá que los espaldones debían haberse hecho, aun cuando no hubiese, tal cañón, pues era muy del caso para facilitar, el reembarco de las últimas tropas y para poder defender, el retrincheramiento a palmos; también eran muy útiles para que unas tropas no viesen reembarcar a las otras y las desordenasen. Solo hallé ridículo en el retrincheramiento que los caballos de frisa se pusiesen sobre las crestas de los espaldones y de lo fuerte del retrincheramiento, pareciéndome que si algún cañonazo o rempujón nos los echase encima, nos perjudicarían y echarían del parapeto. Como yo nunca había visto ni leído esta colocación de caballos de frisa, me admiré de verla; pero como los que dispusieron esto saben más que yo, tomo el partido de callar. Yo creía que los caballos de frisa en esta situación solo podrían ser útiles para dificultar la escalada de una plaza de guerra, no en nuestro retrincheramiento, que, por no tener foso delante, contra lo que es regular, podía el enemigo a pie llano y corriendo meterse sobre la cresta del parapeto y rempujar los caballos de frisa sobre los defensores que estaban hondos, porque la tierra para el parapeto se tomó de la parte adentro. Yo hubieran colocado los dichos caballos del retrincheramiento adelantados veinte a treinta

pasos: así detendrían al enemigo a una distancia en que podríamos ofenderle a nuestra satisfacción.

143. No creo que se conoció el que el retrincheramiento estaba enfilado del cañón hasta que ya estaba hecho, porque dicho cañón no hizo fuego hacia esta parte hasta que el retrincheramiento estaba ya formado, pues si antes se hubieran previsto, se hubieran retirado el retrincheramiento hacia nuestra izquierda. Para salirse de su alcance no era menester andar mucho y podíamos retrincherarnos entre las dos baterías sin riesgo de sus cañones.

144. Todo el ejército cree que fue un solo cañón el que tiraba a nuestro retrincheramiento; nadie lo duda. Pero lo cierto es que las balas que se hallaban en el retrincheramiento eran por lo menos de dos calibres bien diferentes y verosímilmente de dos cañones.

145. En el reembarco del ejército sin duda no hubo método, porque desde que S. E. lo resolvió, como a las once de la mañana, hasta la luz del día siguiente en que se reembarcaron las últimas tropas, pasaron más oras de las que gastamos en echarlo todo en tierra; con que lo que no retiramos fue por culpa nuestra, pues tiempo y lanchas hubo.

146. Algunos en el ejército están impacientes porque no bombardeamos a Argel en estos días. El alcance del mortero es como de 1.200 toesas, el del cañón de a veinticuatro es como de 2.250 toesas por elevación, de donde se comprende que la plaza puede ofender las bombardas, sin ser ofendida de estas; pero como el cañón por elevaciones poco temible, por el poco daño que hace cuando da, y porque es su tiro

sumamente incierto, no debe temer una bombarda a la plaza hasta que ésta le tire de punta en blanco, esto es a la distancia de 300 a 400 toesas, y alcanzando sus morteros 1.200, puede una bombarda, poniéndose como a 500 o a 600 toesas y tirar sus bombardas sin estar muy arriesgada, porque no la llegarían las balas sino por elevación, que es lo mismo que con mucha incertidumbre, y tocarla con poca fuerza. A más que las bombardas podían empaletarse o tirar de noche para hacer más inciertos los fuegos de los enemigos. Los suyos contra una ciudad no podían errarse, y aún puede la bombarda irse moviendo de noche, y de día puede cubrirse con algunas embarcaciones de poco dinero. Aunque aseguran todos que los moros tienen en su muelle cañones de calibres exorbitantes, los alcances no crecen a proporción que los calibres. Lo que parece cierto es que hay en el muelle y linterna baterías en bóvedas. Estas baterías están reprobadas en buena fortificación, porque el humo las hace luego inservibles. Si esto fuese así, serían menos temibles sus fuegos de lo que parece. De todos modos, yo hubieran querido echar a pique las bombardas a fuerza de tirar bombas. Tengo entendido que hubo muchas órdenes y contraordenes sobre bombardear a Argel, y por último nada se hizo en este particular, no sé si por miedo de perder las bombardas, que no sirven para otro fin. El detalle de los alcances del mortero y cañón que acabo de escribir sirven para conceptuar lo fundado de estos temores que apartaron de su oficio a las bombardas. Éstas el día 8 tiraron como cincuenta y un bombas a las baterías colaterales a nuestro desembarco, y se dijo que de esto solo habían quedado bastante desmejoradas, porque habían escupido algunas estopas y hacían agua más de lo que era regular. generalmente se atribuyó esto a defecto de su construcción, asegurándose todos en este concepto con lo que vieron trabajar en Cartagena antes de la expedición en componer o disponer una bombarda nueva para poder llevarla a Argel. Esta bombarda cabeceaba mucho y para ponerla en estado se trabajó bien. Las cincuenta y un bombardas tiradas a las baterías enemigas, sin que los cañonazos de éstas tocasen las bombardas confirman la posibilidad de haber bombardeado a Argel sin mucho riesgo. El general de mar sabe porque no lo hizo; acaso tendría poderosas razones para no hacer trabajar las bombardas. Ignoro las órdenes que tendría y los auxilios que le pidió el general de tierra, a que generalmente se ciñería en sus providencias. Yo, discurriendo por lo que vi así tal vez hablo en términos que pueden ofender estos jefes a quien el rey ha premiado; pero yo no, puedo hablar de otro modo, porque esto sería pronunciar lo que no tengo por cierto y contra lo que entiendo. Hablo superficialmente, como lo haría cualquiera oficial particular. El conocimiento de todo lo que realmente pensaron los generales y de sus órdenes y providencias, de que acaso carezco, me podría hacer variar algunas reflexiones y sustituir otras; pero esto no me sería más útil, porque tan instructivo me es pensar sobre los principios que tengo, como lo sería pensar sobre los otros que el general me podría dar.

147. Reembarcado nuestro ejército, pensó S. E. en llevarlo a España, como lo hizo, trayéndonos a Alicante, donde a un mismo tiempo supieron nuestro destino, ignorado hasta entonces, nuestras acciones y desgracias, que fueron lloradas amargamente por todos, tanto más que no las esperaban. Dejamos sin embargo algunos buques ante Argel para embarazar la salida y comercio de aquel puerto.

148. El que por mayor, o en globo, reflexione todo lo hasta aquí dicho, llegará sin duda a formar sobre lo sucedido los conceptos generales que siguen, sobre los que sin duda hará

nuevas reflexiones. El primer concepto general, que toca todo al general y sus providencias, es que un solo y único desembarco se mandó hacer el 3; que se dilató para el 4, verbalmente, en el mismo paraje; que se mandó para el 5 el trasladarlo a otra parte, que se cree ser la Mala Mujer; que se mandó hacer el 6 en el paraje que se tenía mandado para el 3; que se dilató para el 7 en el mismo paraje y que, por fin, no se hizo hasta el 8. No creo que haya muchos ejemplares de haber mandado una misma cosa tantas veces. Esto quiero decir que no se mandaba con previsión y conocimiento de lo necesario al desembarco y del tiempo preciso para aprontarlo. No faltara acaso quien quiera atribuir la repetición de órdenes a otras causas, sacando sin culpa al general. Yo todo lo he dicho. Reflexiónese que yo no quiero repetir ni entrar aquí en largo detalle de si S. E. pudo prever y evitar todas las dilaciones del desembarco.

149. El segundo concepto general toca a las tropas, al general e ingenieros, y es que, habiendo tomado tierra, lo primero que hicimos fue formar un confuso orden de batalla, contra una orden expresa; que avanzamos sin saber a qué; que nos retiramos andando hacía atrás; que nos retrincheramos donde estábamos dominados y enfilados, y que, a las veinticuatro horas, estábamos en nuestros barcos para volver a España. Lo que esto quiere decir, lo inferirá cualquiera por lo que he dicho, y excuso repetirlo.

150. El tercero concepto general toca al general y a las tropas, y es que hicimos un desembarco en un país enemigo, a las barbas de su capital, en medio de su ejército y baterías; que despreciamos la multitud y todas las prevenciones que muy de antemano se habían hecho contra nosotros; y, en fin,

que nos reembarcamos sin que nos lo intentasen estorbar. Todo esto es valor, espíritu, bizarrías, riesgos despreciados y atrevimientos poco oídos. Todo esto, pues, pasó en veinticuatro oras.

151. Antes de dejar la pluma, quiero añadir algunas cosas que no desdicen del asunto. Como los moros pueden mantener un tiroteo continuo, sin exponerse, aprovechando las pitas y abrigos que se hallan en las inmediaciones de la plaza, es preciso que se hallen medios para librar de este tiroteo al ejército conquistador que marcha a poner sitio a Argel, porque, de no hacerlo así, es imposible adelantar. Yo no hallo arbitrio para no perder gente, y bastante; pero para perder menos, me manejaría de este modo. Desembarcando al ejército, me retrincheraría para ordenar las tropas, que siempre salen de la mar con bastante confusión. Hecho esto, formaría una buena vanguardia con buen jefe, a quien haría ocupar las alturas de los montes; ésta debería ser capaz de hacer frente a un ataque de tropas enemigas. Es cierto que esta vanguardia sufriría el tiroteo, pero libraría de él al ejército por la frente. Por el flanco opuesto que mira al campo del moro, destacaría tropas que se encargasen de sufrir el tiroteo por este costado, amparándose también de las muras que le viniesen bien. Muchas tropas ligeras andarían en esto para aprovechar cualquiera descuido de los moros, ya rodeándoles, ya atacándoles cuando menos lo esperen y, en fin, separándoles del ejército cuanto se pudiese, a fin de que éste haga su marcha con tranquilidad. La parte de la costa u de la orilla del mar no necesita tanto cuidado. Confieso que no alcanzo otros medios de marchar un ejército por este país hasta la plaza, y si los moros saben aprovechar sus ventajas, aun con todo esto se perderá gente, y mucha. La caballería es

de poquísima utilidad para estas cosas en las circunstancias de que trato. Las tropas ligeras son utilísimas, y todos los flancos del ejército deben tener cuantas se pueden de estas tropas, para poder adelantar o marchar a la plaza: verdad es que este mal camino vestido scrá de dos o tres leguas, según donde se desembarque.

152. Ignorase cuál fuese el ejército argelino, esto es, a que ascendían todas sus fuerzas prevenidas para nuestra oposición. Creen algunos que todo su ejército era de 14.000 hombres; otros aún aumentan, fundados en cartas, que suponen ser de cónsules, en que con la mayor individualidad se cuentan tantos del bey de Constantina, tantos del de Máscara, etc., que suman lo que he dicho. Yo, discurriendo por lo poco que vi, voy a exponer cuanto se me ofrece en este particular.

153. Es cierto que detrás de los montes y tierra adentro podría haber y caben muchos ejércitos numerosos; pero yo creo que todo el ejército moro se vía desde la mar, y me fundo en que los moros son ostentosos y su fuerte es aparentar, como se infiere de sus descargas y sus formaciones que hicieron a la orilla del mar antes que tomásemos tierra. Esto me persuade a que vimos todas sus fuerzas, que no es regular ocultasen, cuando deseaban intimidarnos y aparentar el valor que no tenían. Esto supuesto, voy a computar los moros que vimos, esto es, en mi dictamen, el ejército completo de los Argelinos.

154. Dícese que la tarde del 30 de junio toda la orilla, desde la Punta de Pescada hasta la de Montefus, estaba como acordonada de moros que hacían fuego al aire. Yo no vi esto, porque llegue un día después. La distancia entre dichas puntas es de cinco leguas, que hacen 30.000 a 40.000 varas:

suponiendo un hombre por vara, habría en toda la bahía de 30.000 a 40.000 moros. Aunque concedamos que en algunos parajes había hileras de moros, esto es, que estaban unos tras otros como en formación, también es preciso conceder que más bahía había sin moros que con moros. No podían las hileras ser numerosas, porque todas hacían fuego, y por esto estaban muy extendidos.

155. había en la orilla de la bahía algunos campamentos de moros, próximos a sus baterías. Entre estos campamentos se distinguía por su magnitud el que estaba inmediato al Jarach, que era como la mitad de todos juntos los restantes. Encendían los moros algunas tardes al anochecer fuegos en dichos campamentos. Estos fuegos estaban esparcidos irregularmente como sus tiendas, y los harían naturalmente por ostentación. Muchos amigos contaron, a instancias mías, muchos fuegos en el Jarach, y sin embargo que parecía que se tocaban y que, antes de contarlos, parecía que había más de 1.000, después de contados, hallaron 56 hogueras en este mayor campamento, siendo pues creíble que cada rancho o compañía hiciese su hoguera, como se infiere de que las hogueras eran proporcionadas al número de tiendas en todos los campamentos; y, computando cada rancho o compañía de cien moros, resultan en este mayor campamento 5.600 hombres, y, suponiendo duplicados en los demás campamentos, serían todos 16.800 moros, y cuando este mayor campamento fuese el tercio de los otros, serían 22.400 los moros que vimos en toda la bahía.

156. Hay quien diga que en el mayor campamento del Jarach contó 500 tiendas entre grandes y chicas, computando a diez hombres por tienda; resultan en este campamento 5.000 hombres, y 15.000 por todos los campamentos de la

bahía. Si en cada tienda hubiese veinte, serían 10.000 los del Jarach y 30.000 los de la bahía.

157. Junto a la batería del Jarach vimos formados los moros de este campamento grande, y el terreno que ocupaban no era el tercio de la distancia de dicha batería a su inmediata; pero esta distancia era dos tiros de cañón largos, esto es, como 10.000 varas; luego los moros ocuparían como 3.333 varas y eran otros tantos, en el concepto de uno de fondo, y si fuesen tres de fondo (no podían ser más porque hacían todos fuego) serían 9.999 los moros de este campamento y como 30.000 los de toda la bahía.

158. En lo más elevado de este campamento había una tienda que, entre todas, se distinguía por lo grande, y sería del jefe del campamento. Siguiendo la cumbre de la lomita, en cuya falda estaban todas las tiendas menores, había otras tiendas como en línea menores que la mayor; pero visiblemente mayores que las demás. Estas tiendas serían de capataces o jefes subalternos, que mandarían alguna división o regimiento. Suponiendo, pues, cada jefe con 300 súbditos uno con otro, y no llegando las tiendas de dichos jefes a treinta se sigue 9.000 por este campamento, y 27.000 por todos juntos.

159. Todos estos cómputos, aunque admitan algún error, son sin embargo más fundados que cuantos juicios se pueden hacer a bulto. De todos ellos se infiere que todos los moros no eran 30.000, si aun llegaban. El que piensa otra cosa, haga sus cálculos que lo justifiquen. No faltará quien, en vista de lo que digo, crea que mis cómputos van muy por arriba. Yo creo lo mismo; pero, sea como fuere, yo no me he propuesto en este cálculo otra cosa que enseñar a indagar

las cosas más difíciles por varios medios que aproximan a la verdad, enemiga siempre del que habla a bulto.

160. Entiendo que al número prescrito en mi último cálculo debe añadirse la guarnición de la plaza y castillo del emperador. Una y otra son inaveriguables por cálculos; pero lo cierto es que entre nosotros, 6 u 8.000 hombres serían bastante guarnición, si se ha de creer las cartas de cónsules. Se asegura en ellas que guarnecían la plaza 1.200 hombres, que, aunque se engañen en un cero, sería 12.000. No es creíble que estos hombres que tanto aumentan el número de los moros disminuyan la guarnición de la plaza.

161. También convengo que a dichos cálculos se añada 3.000 artilleros, que son los que se necesitarían para servir 300 cañones en el concepto de diez hombres por cañón.

162. Disminuye estos cálculos el que la caballería necesita más terreno que la infantería, esto es, que en el mismo espacio caben menos caballos que infantes, según los cálculos que ordinariamente están admitidos: un caballo de frente ocupa lo que hombre y medio a pie.

163. En vista de esto se podrá pensar que nuestro ejército era bastante para esta empresa o conquista, porque siendo el ejército argelino de 30.000 hombres, bien pudieran 18.000 nuestros vencerlos. Esto es positivo; pero no se ha de discurrir así, sino se ha de tener presente la página en que digo que, antes de llegar a Argel, se perderá bastante gente sin poderlo remediar. Los 18.000 hombres son pocos, no para dar una batalla y ganarla a los moros, sean los que fuesen, sino para ir a Argel y llegar a poner el sitio. Cualquiera pérdida es insoportable para tan poca gente y cualquiera accidente

podría hacer perecer a todos. Esto tienen estas cosas: perder uno, no es nada para quien tiene muchos; pero para quien tiene solamente dos, no solo es perder uno, sino también perder los dos, porque el que queda no puede subsistir solo.

164. Se me antoja decir brevemente alguna cosa sobre los parajes donde se puede desembarcar en las inmediaciones de Argel, con el fin de conquistar esta plaza, como también de las ideas o proyectos que parece tenía el general resueltos para conseguir la posesión de la plaza; aunque éstas son cosas propias para los generales y en que puedo extenderme poco. No obstante, opino que es permitido, aun al más ínfimo oficial, discurrir sobre las cosas más difíciles para instruirse, y aun el criticar las acciones y resoluciones de su general, después de pasadas, cuando esto lo hace para adelantar sus conocimientos. Nadie debe limitarse a pensar lo que le toca, debe pensar más allá, porque si así no lo hace, llegará más allá y no sabrá lo que le toca.

165. Puedese desembarcar en la playa de la Mala Mujer o Mala dona, De este paraje no tengo conocimiento propio; pero he oído que está a tres leguas de Argel hacia el poniente. Hombres prácticos dicen que, como es playa abierta, está expuesta a muchos vientos, que su fondo es de peñas donde no agarran las uñas de las anclas o con el movimiento de las mismas embarcaciones las peñas cortan los cables y se pierden las anclas, y tal vez las naves. La riva parece que es de fácil acceso a las lanchas. El desembarco en este paraje tiene a mas las dificultades dichas para llegar a Argel.

166. Puedese también desembarcar entre el Jarach y Montefus; el fondo es excelente para anclar y la riva de facilísimo acceso. En esta distancia hay dos baterías, sin contar

la del Jarach y Montefus; pero entre dos de ellas, o bien arruinando una, se puede tomar tierra sin peligro. Estas dos baterías son corto almuerzo para cualquiera navío que verdaderamente quiera batirlas. No hay en esta parte montes, árboles ni otro embarazo para que la artillería de las naves no bata el alcance de su cañón, que es llano y descubierto, a excepción que ay jarales o bajos matorrales. Es verdad que este paraje dista una legua mas de la plaza que el de donde desembarcamos, y para hacer la conducción de artillería, etc., ay las dificultades del terreno vestido y embarazado. No obstante, habiendo desembarcado en este paraje, si el enemigo se hubiera presentado, hubiéramos conocido su fuerza para tomar nuestras medidas y partido, y el, al descubierto, hubiera padecido sumo estrago de las naves por el flanco nuestro, y de las tropas y artillería por el frente. No creo que en este paraje hubiéramos sido jamás precisados a retirarnos precipitadamente y hubiéramos sin duda rechazado al enemigo, que tal vez, espantado, se ahuyentaría, quitadas las cabezas a sus propios jefes, como les es costumbre.

167. El paraje donde desembarcamos tiene el inconveniente de que, como desde la mar hasta la cumbre de la opuesta altura va el terreno ascendiendo, no pueden las embarcaciones batirlo bien, porque las balas se clavan contra la ladera y solo hacen daño sin rebotar. Los moros pueden, detrás de los montones, pitas, etc., estar ocultos y atacar las primeras tropas antes de tomar formación. Por lo demás, es cierto que la orilla es a propósito, que no hay mas que pedir; las naves protectoras pueden arrimarse cuanto se puede desear, y la plaza no está lejos, cuya conquista era el fin principal.

168. No faltará quien diga sería conveniente desembarcar parte del ejército donde lo hicimos y parte hacia Montefus.

De este modo los dos desembarcos cogerían en medio a los enemigos, que se turbarían; pero para esto se necesitaba un ejército fuerte, exponiéndose a ser batido en detalle.

169. Puedese desembarcar, según he oído, saliendo de la Bahía, dando vuelta a la punta de Montefus y no lejos de ella. Se me ha asegurado que la riva es a propósito para desembarcar; pero necesariamente se tendrían que ir tomando sucesivamente todas las baterías de la Bahía. Este paraje dista de la plaza 6 leguas; pero tiene la comodidad de poderse retrincherar el ejército recién desembarcado en la misma punta, como se ve en el plano núm.º 16.º. Así lo hizo Carlos V.

170. Puedese desembarcar entre la plaza y Punta de Pescada, arruinando primero los navíos las baterías que ay en esta parte que puedan estorbar el desembarco. Puesto el ejército en tierra en este paraje, y perfectamente atrincherado, no hay más que marchar a la plaza por la misma trinchera, que desde luego puede empezará a abrirse por la proximidad de la plaza. Antes que esta, deben tomarse el castillo de Bábaloet y tres baterías que tiene debajo a la orilla de la mar. Tomando esto, tiene poco que hacer el abrir brecha a la plaza. Dichas baterías y castillo de Bábaloet pueden batirse por los navíos, pero padecerían en esto bastante los buques, ya por el fuego de dichas baterías y castillo, ya por el del muelle que les llegaría, a mi juicio. Si se supiese el número de los cañones y su calibre que tienen dichas baterías y castillo y muelle, no sería difícil calcular el estrago que podrían causar en los navíos antes de arruinarlas. Carezco de estas noticias, y por esto no me meto en este detalle, que sin duda sería muy curioso. No es dudable que para destruir estas baterías enemigas serían muy útiles las baterías flotantes, que podrían ser tantas y tan bien construidas que tal vez ellas bastarán

para hacer cenizas el muelle y la ciudad. No computo su número ni utilidad, porque de Argel no tengo más noticias que las que pillé desde mi embarcación, que, como todas, estaba muy distante. El desembarco en este paraje siempre tiene la ventaja de no tener que andar por quebraduras hasta la plaza; pero, a mi parecer, tiene no muy buena riva para tomar tierra. Verdad es que yo miré esto de tan lejos que no pude ver nada con la distinción que se necesita para formar juicios cabales de las cosas. Habiendo desembarcado en esta parte con las precauciones correspondientes, y habiendo nos fuertemente retrincherado junto al mar y en poca extensión, tal vez hubiéramos hecho algo de bueno, sabiéndonos dirigir y haciendo la marina por nosotros lo que es capaz de hacer. Por esta parte no hay las dificultades que por las otras en cuanto a bosques, etc. Es verdad que es más difícil el desembarco; pero todo lo allanan las naves. Vuelvo a decir que bien y más que bien atrincherados, y sabiendo dirigir desde el retrincheramiento los ramales contra la plaza, protegidos de las naves, no me causaría novedad que los 18.000 triunfasen de la turba, como César en Alexia: pero insisto en que, desembarcando en otro paraje, la cosa era mas que difícil y nuestras fuerzas por lo común desproporcionadas. No quiero decir tampoco que sea prudente el que quiera con 18.000 hombres conquistar a Argel desembarcando en Bábaloet; solo digo que no me admiraría, esto es, que puede verificarse esta conquista.

171. Dicen algunos que es locura llevar ejército contra Argel, creyendo inconquistable esta plaza, y que el medio más seguro de acabar con estos piratas es mantener a su vista embarcaciones de guerra que apresen las argelinas que quieran-salir o entrar en el puerto, quitándoles de este modo el comercio activo y las fuerzas, marítimas, consiguiéndose

también que nadie fuese marinero, y extinguirles este oficio. Lo que yo al pronto entiendo en este asunto es que no es tan fácil mantener una escuadra con este destino, teniendo precisión la monarquía de atender a otras necesidades que pueden ocurrir, y también porque perderíamos sin duda muchas naves en la costa, que es brava, y la mayor parte del año arriesgada, por los vientos y temporales que reinan en ella, no teniendo donde abrigarnos. El comercio de los moros es de sus frutos que, aunque ellos no los sacasen fuera, se los sacarían sus potencias aliadas, y siempre serían ricos teniendo frutos que vender y quien por ellos les llevase todo lo que les pudiese faltar, que no es mucho siendo tan sobrios. Es cierto que si la escuadra durase siempre, no habría marineros ni fuerzas navales; pero habría mas cultivadores de las tierras y las artes, de que les resultarían otras ventajas y a nosotros la única de hacer el comercio con sosiego.

172. En cuanto a suponer que Argel es inconquistable, se engañan. El ejército o las fuerzas de los Argelinos se sabe lo que son, pues 6.000 o 8.000 Turcos la dominan. Las de los beyes que pueden ser sus aliados, aunque quasi siempre son sus enemigos, tampoco son muchas, pues no pueden dominar a los Argelinos con quienes tienen frecuentes guerras y a quienes, como a más poderosos, pagan tributos. La plaza por sí no tiene por tierra defensas que lleguen a ser medianas; las murallas son antiquísimas, sin más terraplenes que en algunos torreones. No hay baluarte alguno ni flanco de ninguna especie que sea de una magnitud regular, no hay camino cubierto ni más que una señal del foso antiguo del tiempo de las murallas. El castillo del emperador que domina la ciudad es un cuadradito con cuatro torreones redondos en los cuatro ángulos. Creo que tiene foso, y acaso camino

cubierto; pero de todos modos es una bicoca. Los otros castillos de Bábaloet, Babasan, etc., son menores y de menos resistencia, son realmente unas baterías. Verdad es que la parte que mira la mar está sumamente fortificada; pero esto no la hace inconquistable, ni le aprovecharán estas defensas si se le ataca por tierra. La principal defensa de la plaza no está en sus murallas ni el número y valor de sus defensores ni su destreza; está en sus contornos. Estos son montañosos, quebrados, llenos de árboles, márgenes y cercas, de modo que por lo menos legua y media o dos de la plaza se puede decir que es todo trincheras que forzar, barrancos que pasar y embarazos que vencer, donde el mejor general perderá mucha gente. Esto es menester atender para proporcionar nuestro ejército a la empresa, porque si solo atendemos a las fuerzas activas de los enemigos, quedaremos siempre engañados. En Bábaloet no hay estas dificultades.

173. Estos embarazos que ofrece el terreno al conquistador para que no pueda su ejército llegar a la plaza, tampoco la hacen inconquistable: lo 1.º, porque estos se pueden vencer con la advertencia, constancia y precaución, y lo 2.º, porque los mismos obstáculos ay para que la caballería enemiga haga el daño que es capaz de hacer, siendo la parte más escogida de su ejército y que en todos tiempos ha tenido grandes créditos.

174. El plano. núm. 16 hace ver las ideas que el general tenía para dirigir sus operaciones después del desembarco hasta poseer la plaza. Voy a poner en claro estas ideas o proyectos de S. E., sin meterme en la exactitud del plano, pues nada

importa a las reflexiones que quiero hacer, y sobre todo, lo pongo como me lo han dado.

175. Tenía pensado S. E. hacer dos reductos a la orilla, marcados con la letra L, y seguidamente hacer el campo retrincherado marcado con la letra O. Este campo parece que debía tener de frente en la cumbre de la montaña, de baluarte a baluarte, lo que necesitaban las tropas para formar en batalla, como se ve en ii, esto es, 2.790 varas. Desde los reductos L hasta la cumbre O hay 3.000 varas, que es cuarto y medio de legua, con que 3.000 por cada lado del campo, que hacen 6.000, y 2.750 de frente en la cumbre, hacen el retrincheramiento de 8.750 varas de circuito. Añádanse 250 varas, que no es mucho, por lo que alargan los ángulos salientes y reductos de la orilla y baluarte del frente de la cumbre y por lo que alargan el ámbito las desigualdades del terreno con las obras a que esto obliga, y serán 9.000 varas de obra que hacer y que guardar. Para guarnecer esta extensión de parapeto a uno de fondo y hombre por vara se necesitarían 9.000 hombres, y para guarnecerlo a tres, que es lo regular, se necesitan 27.000. Aquí se ve que no hay tropas para guarnecerle.

176. Tampoco hay para construirle, y para hacer ver esto con claridad, supongo que el perfil, plano 7.º, sea el campo retrincherado. Este perfil es simplicísimo, y de tan poco trabajo que las tropas competentes y que ordinaria mente se ponen al trabajo de estas obras pueden hacerlo en cuatro y media horas, para hacer las 9.000 varas de retrincheramiento en las cuatro horas y media, se necesitarían 400 o 500 trabajadores, como se ve en la explicación del mismo perfil. Esto se entiende cuando todo se construyese a un mismo tiempo y se pusiesen tres excavadores en la anchura del foso.

Si solo se pusieran dos, se necesitarían 27.000 hombres para hacerlo todo a un tiempo en seis y media horas, y si solo se ponía uno en lo ancho del foso, se necesitarían 13.500 hombres para hacerlo a un tiempo todo en trece y media horas de tiempo. ¿Qué tropas sostendrán y relevarán a los trabajadores? ¿Cómo 5.200 hombres que quedarían sin trabajar cubrirían 9.000 varas de terreno, con los enemigos siempre encima por todos lados? ¿Quién reemplazaría los heridos y los muertos?

177. Tampoco se podrían hacer estas obras por partes, porque en la suposición de que se construyese solo la cuarta parte, esto es 2.250 varas, se necesitarían diez.125 hombres continuos y dieciséis horas, empleando tres hombres en la anchura del foso, y si dos, 6.750 hombres, continuos y 27 oras, y si uno. 3.375 hombres continuos y cincuenta y cuatro horas. No hay arbitrio: seis emplear muchos hombres, o emplear muchas oras, y como el retrincheramiento es grande, de uno y otro necesita. Pero, tanto emplear muchos hombres, como emplear mucho tiempo, nos era insufrible, porque hombres no los teníamos, y el perder tiempo era ganarlo los enemigos y perder nuestros hombres. Pues, si este perfil, que no puede ser más simple ni de menos trabajo, porque solo puede resistir un fusilazo, tiene tantas dificultades el construirle ¿cuantas mas tendría otro cualquiera?

178. Yo opino que en caso de retrincherarse debería hacerse inmediato a la mar, y que el retrincheramiento no sea nunca mayor que lo necesiten las tropas.

179. Acaso pensó S. E. que desde la mar a la cumbre habría solo la mitad de la distancia que yo pongo. Si fuese así, no sería tan grande y defectuoso el retrincheramiento. Sea pues

la mitad, y compútese la gente y tiempo necesarios a su custodia y trabajos, y se verá que tampoco nos era factible. A mas de que esta suposición es falsa: 1.º porque al que carece de conocimientos ópticos le parece que las cumbres de los montes están más cerca de lo que realmente es; 2.º porque todo el ejército asegura que la mar distaba de la cumbre mas de un cuarto de legua, que es 4.000 varas, y se fundan en reflexiones sobre lo que anduvieron y lo que les faltaba hasta la cumbre, donde ni nuestros cañonazos llegaban ni los moros de ella pudieron ofender, y 3.º porque cotéjese la distancia de la mar a la cumbre con otra conocida en los planos y fórmese un concepto de ella, o bien reflexiónese si las tropas formadas en batalla pueden ocupar desde la mar hasta la cumbre, y se verá que ni con mucho, siendo así el que el frente de batalla debía ser de 2.790 varas.

180. Se ve en el plano que el retrincheramiento sola se haría para esperar el total desembarco de la artillería. Para esto era bien escusado, pues que no podía tardar el desembarco de la artillería lo que se tardaría en construir dicho atrincheramiento.

180. Pensó S. E. marchar después como lo expresan las letras P hasta el paraje K, retrincherándose como se expresa en dicho plano, habiendo tomado antes por la espalda las dos baterías C. Hecho esto, pensaba llevar su artillería por la orilla del 1.º al 2.º retrincheramiento y empezar desde luego las trincheras de la plaza.

182. En cuanto al 2.º retrincheramiento siempre habría las dificultades que tiene el primero, y en cuanto a tomar las baterías por la espalda, no es tan fácil, porque desde la cumbre no se podían batir con los cañones de batallón, que eran los

únicos que quería llevar S. E. por esta parte. Llevar otros más gruesos es sumamente difícil, pues para llevar los pequeños se necesitaban pasar tantos trabajos, que aún dudo de su posibilidad, porque aunque estas montañas o alturas a la vista no son muy elevadas, ni muy escarpadas, están sin embargo muy embarazadas y de todos modos los cañones no son cabras. Alguna de estas baterías estaba cerrada por la gola. Los moros, aunque fuese al descubierto, volverían sus cañones que eran gruesos, y tal vez teniendo tiempo y proporción, harían contrabaterías con sus meriones que jamás desmontaríamos con cañones de a cuatro, y aun quizá tomarían otros arbitrios. Si la vista no me engaña, yo vi a la orilla que los moros tenían baterías dirigidas únicamente a embarazar la marcha por el arenal. Es creíble que tuviesen otras para embarazar el paso por los montes, o que tuvieran cortaduras, aunque no las distinguí, ni era posible. Esto me hace mirar como cosa dificultosa la traslación del ejército de un retrincheramiento a otro.

182. Desde el 2.º retrincheramiento quería S. E. sacar sus ramales contra la ciudad y castillo del emperador. La cosa en sí es bien dificultosa, por lo quebrado y vestido del terreno donde los moros nos harían continuo fuego días y noches, teniéndonos en suma inquietud. Nuestra infantería era 18.000 hombres; parte de ella había de descansar; de la restante se había de proveer a la defensa del extraordinariamente grande retrincheramiento O y obras de sitio ejecutadas, y a más, debía mantener continuo un proporcionado número de trabajadores para las necesarias obras de un sitio. ¿Cómo podría ser esto? Estas obras serían siempre peligrosas, porque

sería muy costoso y difícil librarlas de enfiladuras, debiendo hacerse en pendientes de los montes.

184. No sé si S. E. quería atacar la plaza y castillo del emperador a un tiempo o separados, ni cual pensaba pillar primero. Por esto no me detengo en explicar las dificultades que esto tiene, y porque quiero acabar.

185. No dejarán de hallarse muchos que se rían de todos los cálculos de mi diario, creyéndolos puramente metafísicos; pero yo sé bien que lo dificultoso de argüir contra ellos en favor de la multitud de moros es de la facilidad de hacer retrincheramientos. Soy amigo de calcular, es cierto, porque es el medio único de apurar las cosas. Soy de aquellos que dicen vale más errar calculando y discurriendo que acertar por casualidad o a bulto.

Este es mi diario en que van escritos los sucesos conforme los he conceptuado y las reflexiones que me han parecido más útiles. Omito algunos detalles, por ejemplo, ¿qué navíos y qué tropas se necesitan para vencer las dificultades que se hallarán desembarcando en cualquiera paraje? ¿A qué ascendería nuestra pérdida? En una palabra, falta un diario de lo que sucederá en la conquista de Argel en que por día se expresen los progresos y perdidas hasta poseer la plaza. Este es asunto de un genio militar, no mío, porque no lo soy, y porque, aunque no ignoro el camino por donde se puede llegar a desempeñar esta idea, me faltan algunos principios. Me he limitado en este escrito a ciertas cosas. He callado otras que cual quiera las infiere. He omitido puerilidades de que se entretiene el vulgo tanto. Reflexiónese bien todo y se verá con claridad la verdad y verosimilitud en que todo lo fundo, y al mismo tiempo se formará idea cabal de lo acaecido, cosa que es bien imposible lograr, si se oye a los que se hallaron en esta expedición, porque cuentan las cosas de modo que les resulte honor propio; o a sus cuerpos, no omitiendo para esto medio alguno, según su capacidad, ni olvidando introducir en su relación las circunstancias más inverosímiles, como hagan a su favor. De nada de cuanto he dicho me puede resultar honor alguno, aun cuando todo hubiera salido bien. Nada hice ni pude, nada valgo, ni soy mas que un amante de la verdad vestido de uniforme.

Instrumentos

Número I

Estado que manifiesta los buques de guerra que se hallaron en la expedición de Argel, con expresión de sus comandantes, cañones, tripulación y tropas de mar que llevaron. (Véase tomo II.)

Número 2

Orden. Bahía de Argel a 1.º de julio. Los generales darán a reconocer en los cuerpos de su mando a los siguientes, etc. Esta orden está conforme, salvo algunas pequeñas diferencias, al estado número 18 (B) ya publicado (tomo II, nota X).

Número 3

Orden en que debe navegar el convoy cuyos patrones conservan precisamente el lugar donde se halla el número que tienen fijado en su popa. Por ejemplo, la saeta Santo Cristo, que tiene en su popa el número 16, deberá ir en el lugar marcado en este plano con el número. 16...

Número 4

Estado del ejército por brigadas. Conforme al estado número 18 (B) Publicado, tomo II, nota X.

Número 5

Plano que demuestra el campamento que se formó para la expedición de Argel, con las medidas correspondientes, explicadas por números que significan varas o pasos grandes...

Número 6

Plano que manifiesta el campamento de dos batallones del centro de la primera línea del orden de batalla, propuesto para la expedición de Argel, con el del cuartel general y el parque de artillería, en el concepto de ser la formación en batalla a seis de fondo...

Número 7

El general hace especial encargo a todos los jefes que le representen inmediatamente cualquiera buena acción de los individuos que sirvieren bajo su mando, para que solicite de la piedad del rey el premio a que fuese acreedor, y del mismo modo para que pongan luego en arresto al individuo que cometiere cualquiera grave falta, o que se atreviese a proferir especie alguna perjudicial, dándole inmediatamente cuenta para las demás providencias que convengan, porque es la voluntad expresa del rey que no quede acción buena sin premio, ni mala sin castigo.

El honor del mismo ejército y de cada cuerpo particular exige que se proceda con el mayor rigor contra cual quiera que tuviese negligencia en su puesto, o omisión en mantener su formación en las acciones de guerra, que no cumpla puntualmente las órdenes de sus superiores y que no acredite constancia y valor en todas las ocasiones.

La vigilancia evita las sorpresas del ánimo y mantiene a la tropa en aquella unión y orden que necesita para resistir de día y noche cualquiera ataque del enemigo. Esta se asegurará cuidando en aquellas circunstancias en que puede ser atacada que la mitad esté despierta e inmediata a las armas, y la otra mitad descansando al pie de las suyas. Con esta disposición, a la voz del jefe se hallará la tropa formada sobre las armas.

Contra los moros nunca debe disparar la primera fila, y sí reservar su fuego hasta que la punta de la bayoneta llegue a tocar el pecho del caballo o del moro; la segunda y tercera fila harán un fuego graneado sin tropelía. Apuntará cada individuo con el mayor cuidado para no errar el tiro, y los jefes harán cesar el fuego siempre que reconozcan ser fructuoso el efecto que produce, por la sobrada distancia a que se halla el enemigo. Esto evitará el inútil consumo de municiones, conservará el armamento y hará nuestro fuego más temible a los contrarios.

Los moros acostumbran con frecuencia fingir unos ataques violentos, y a la menor resistencia retirarse en desorden para atraer a sus contrarios a alguna emboscada que suelen dejar preparada en los barrancos inmediatos o a cubierto de alguna altura o bosque. Se impondrá a toda la tropa este ardid para que no se deje sorprender.

Siempre que una tropa tenga fundado recelo de que pueda el enemigo rodearla, doblará su fondo, y verificándose el ataque, aunque sea por vanguardia, retaguardia y costados, hará con la mayor constancia y seriedad sus fuegos, asegurada de que con esta defensa serán infructuosos cuantos esfuerzos pueda hacer el enemigo contra una tropa que se halla en tan ventajosa formación, conoce su fuerza, y está resuelta a no ceder a una desordenada y de vil multitud.

Ningún soldado durante las acciones de guerra podrá, so pena de la vida, separarse de su tropa, sea para llevar heridos o con otro cualquier pretexto, arreglándose en esto a lo que previenen los arts. 14 y15, tit. XVII, trat. 7.º de las Reales Ordenatizas, que los señores oficiales leerán con frecuencia a sus compañías.

Se enterará a la tropa que la victoria solo se consigue con su unión, constancia y obediencia; que el ardor desordenado es arriesgadísimo y que será severamente castigado cualquiera que rompiese su formación, aunque sea con el honroso motivo de pelear el primero.

También enterarán los oficiales a sus respectivos soldados de que los enemigos contra quienes van a combatir son tan temibles para la tropa que se desordena por inconsideración y cobardía, como despreciables para la que conserva su formación y hace su fuego con arreglo.

En caso de darse asalto a alguna plaza enemiga, el general que mandare, los jefes de los cuerpos y cada oficial en la parte que le toca, serán responsables de que ningún soldado se separe de su formación sin expresa licencia del general o comandante de aquella tropa. El que faltare a esta obligación, que se intimará por bando, tendrá pena de muerte, y a todos los oficiales de las compañías se sus penderán de sus empleos. La menor negligencia en este asunto podría causar la pérdida de la misma tropa, y aun cuando no hubiese tan justo y grave motivo para imponer esta pena, sería indigno de vivir entre los honrados compañeros el que, llevado de su codicia o cobardía, los abandonase en los peligros.

El general no permitirá que a la tropa se le prive de lo que la pueda pertenecer (en caso de asalto) por el saqueo, y remunerará además la obediencia con que se porten y las buenas acciones de cada uno.

El oficial comandante que fuere en cada lancha o bote con tropa de desembarco, por ningún motivo permitirá en esta ni en la marinería, cuando no vaya oficial de marina, voces ni gritería. Estarán todos con sumo silencio para oír mejor y ejecutar prontísimamente cuanto se les mande.

La tropa para el desembarco llevará prevenidas las botas o garrafas que tienen con dos tercios de agua y uno de vino, y si alguno prefiriese el vinagre al vino, se le suministrará.

Cada soldado de los destinados al desembarco llevará tres buenas piedras, sus cartucheras llenas de cartuchos, y en sus faltriqueras seis pequeños paquetes atados, que sean de diez cartuchos cada uno. Llevará asimismo dos galletas, y en las embarcaciones de transporte se harán todos los ranchos para que, después de rechazado el enemigo y bien apostada la tropa, pueda esta alimentarse.

Desde el instante del desembarco ningún soldado saldrá del campamento de su batallón, donde se le abastecerá de todo lo necesario.

Los prisioneros serán tratados con humanidad. Sería impropio de la generosidad de la nación usar de crueldad con los rendidos, y la experiencia de este buen tracto podrá producir efectos favorables a la buena causa, además que nunca debemos limitar a los bárbaros en sus vicios y crueldades.

Si llegase a nuestros puestos avanzados alguno de los cautivos cristianos que tienen los moros, se les recibirá bien y remitirá inmediatamente al general que mandare la tropa más cercana. Este prevendrá al cautivo y a quien le fuere conduciendo que no hable con persona alguna hasta que se presente al general del ejército.

Si se presentasen algunos moros con señas de paz, se les admitirán y conducirán inmediatamente al oficial comandante de la división para que este obre, según las órdenes con que se halle. Estos moros se tratarán con agrado, y no se permitirá que persona alguna les haga agravio ni diga palabras que puedan ofenderles.

Si el número de moros fuese considerable, se admitirá únicamente y con la mayor precaución a dos o tres de los que hagan cabeza, y se estará con grande vigilancia sobre las armas para evitar un engaño de su parte, de que su barbarie les constituye capaces.

Si se llegase a prender alguna mujer de los enemigos, el jefe de nuestra tropa la pondrá inmediatamente con separación y segura custodia, a fin de precaver cualquier violencia o abuso. La religión y honor de la misma tropa exigen sumo cuidado en evitar todo desorden.

El celo, amor y gratitud con que todos debemos servir al rey, nos hará llevar con mucha satisfacción cuantas incomodidades y fatigas puedan ser conducentes al logro de estos objetos, y está cierto el general que no hay soldado en la expedición que viese sin indignación cualquiera especie que pudiera manifestar timidez o disgusto.

Es muy conveniente que cada soldado esté bien persuadido a que esta guerra es justa y necesaria a la monarquía; que va a defender la religión, la libertad de sus conciudadanos, los justos derechos del rey y la gloria de sus armas; que si son vencidos, no tendrán límites los tormentos de un enemigo cruel, injusto y bárbaro; pero que victoriosos, será mucha la gloria que resulte a todos y grandes las liberalidades del rey a los que se distingan por su valor y conducta.

Número 8

Los generales, jefes de cuerpo, oficiales y tropa empleados en la expedición de mi mando cumplirán exactamente las órdenes siguientes en la parte que toca a cada uno.

El buen éxito de todas las empresas militares depende de la acertada dirección del jefe principal, de la exactitud con que sus subordinados obedecen y cumplen sus órdenes, del celo y oportunidad con que providencian por sí en los casos ejecutivos y del valor y vigilancia de la tropa. Se atenderá a los expresados objetos con el mayor cuidado, teniendo presente que la menor negligencia en, cualquiera de ellos expondría el ejército a las mayores desgracias.

Es invencible un ejército, por pequeño que sea, cuando los oficiales y la tropa tienen confianza en su jefe, cuando la obediencia une, dirige y conduce a todos a un mismo fin del servicio y que cada individuo con constante ánimo se resuelve a vencer. Las grandes acciones que celebran las historias no tuvieron otros principios y los mismos harán ahora gloriosas las armas del rey y acreditarán a la posteridad que en servicio de su soberano y de su patria no tiene límites el valor y constancia del ejército español.

Todos los jefes harán conocerá su tropa las ventajas que tiene sobre el enemigo, le inspirarán confianza en su disciplina y buen orden y seguridad de la victoria, mediante su valor, unión y las disposiciones de su general.

Ningún jefe debe turbarse en cualquiera de los acasos que pueden sucederle, tomará siempre el partido correspondiente a su situación, teniendo presente que no hay perdida que iguale a la del honor, que con los moros no se puede capitular jamás, y que el más pequeño número de hombres resueltos a defenderse gloriosamente se hace temible a cualquier enemigo y se conserva en estado de aprovecharse de aquellas favorables casualidades que en la guerra suele proporcionar la fortuna.

Si alguno ha creído que una multitud desordenada, que carece de la fuerza y solidez que dan los verdaderos principios de la profesión, puede con su número suplir estos defectos y vencer al más pequeño ejército que tenga orden y buenos jefes, se desengañará reflexionando los grandes efectos de la disciplina en estos últimos tiempos.

Carlos XII con un ejército, tan pequeño por su número como respetable por su valor que supo inspirar a sus soldados, derrotó grandes ejércitos de rusos mandados por su rey Pedro el Grande, pero que carecían todavía de la constancia que dan el orden y la disciplina. Estos mismos rusos, ya disciplinados, batieron y atropellaron en la batalla de Raúl con solo 17.000 hombres a 100.000 turcos atrincherados ventajosamente y despreciaron la gritería y multitud de 20.000 tártaros que en el mismo ataque se presentaron a su retaguardia. Catorce mil rusos precisaron a otro numeroso ejército a hacer una paz ignominiosa e irreparable para la Puerta Otomana, y un corto número de turcos, sin embargo de ser defectuosa su disciplina, tiene actualmente subyugada una inmensa multitud de moros. Tanta es la ignorancia y debilidad de estos bárbaros.

Es la voluntad del rey que se premien todas las acciones distinguidas y se castiguen las malas. El honor del mismo ejército y cada cuerpo en particular exige que se proceda con el mayor rigor contra cualquiera que tuviese negligencia en su puesto o omisión en mantener bien ordenada su tropa en las acciones de guerra, que no cumpla puntualmente las órdenes de sus superiores y que no acredite constancia y valor en todas ocasiones.

Hago especial encargo a los generales y jefes de los cuerpos que me representen inmediatamente cualquiera buena acción de los individuos que sirvieren bajo su mando, para que solicite de la piedad del rey el premio a que fuere acreedor, y les hago igual encargo para que pongan luego en arresto al individuo que cometiere cualquiera grave falta o que se atreviere a proferir especie alguna perjudicial, dándome inmediatamente cuenta para las providencias que convengan.

El valor, que de todas las calidades es la primera en la guerra, nunca autoriza a ningún jefe particular para llevar la tropa que manda un punto mas allá de lo que está prevenido por el general en jefe. Este desacierto fue la principal derrota de nuestras tropas en Oran en el año de 1732, y como son tantos los ejemplares de las fatales resultas que produjo este mal dirigido ardor, omito el repetirlos y me ciño a hacer el más estrecho encargo a todos los oficiales generales y jefes de cuerpos para que por ningún motivo cometan semejante error. El general en jefe forma su plan, fija en él los límites a que debe llegar cada tropa, y cualquiera exceso en esta parte podría precisar a una variación general de las disposiciones que en muchas circunstancias sería arriesgadísima.

La vigilancia evita las sorpresas del ánimo y mantiene la tropa en aquella unión y orden que necesita para resistir de día y noche a cualquier ataque del enemigo. Esta se asegurará, cuidando en aquellas circunstancias en que pueda ser atacada que la mitad de la tropa esté despierta e inmediata a sus armas en su formación, y la otra mitad descansando al pie de las suyas. Con esta disposición, a la voz del jefe, se hallará la tropa formada sobre las armas.

Los moros con su número, gritería, desorden y la rapidez con que se presentan a un mismo tiempo en muchas partes, intimidan a los que carecen de práctica de guerra y de jefes que sepan instruirlos. Suelen ocupar una grande extensión de terreno, repartiéndose en pequeños pelotones sobre las alturas para dirigir desde este círculo extendido su puntería a la tropa formada, y como tienen mayor objeto a que tirar, como la distancia a que se ponen de la tropa veterana hace mas inciertos los tiros de esta y ellos cargan sus fusiles largos con balas ajustadas y mucha pólvora, han logrado en varias ocasiones herir a su salvo mucha tropa. También les ha proporcionado favorables sucesos la intrepidez del ataque de algunos pelotones suyos; pero toda su temeridad y sus ardides serán muy despreciables teniendo presente lo siguiente:

Cada batallón elegirá cuarenta hombres que sean buenos tiradores y destinará para su mando dos oficiales y dos sargentos a satisfacción de cada jefe de cuerpo. En los expresados casos u otros de igual naturaleza los jefes harán marchar al frente de los referidos cuarenta hombres. Estos, sin exponerse jamás a ser cortados formarán en una línea o en pequeños pelotones, según convenga a la situación del terreno, y desde allí harán fuego al enemigo, procurando no desperdiciar tiro. Los cajones de batallones y demás artillería que estuviere en batería alejarán a los enemigos, tirándoles a bala o a metralla, según su distancia; pero nunca sin probabilidad de escarmentarlos: lo contrario haría despreciarles el fuego de nuestra artillería, que sería un grande mal.

Contra los moros nunca debe tirar la 1.ª fila, y si reservar su fuego hasta que la punta de la bayoneta llegue a tocar el pecho del infante o del caballo. La 2.ª y 3.ª fila harán un fuego graneado apuntando cada individuo con el mayor cuidado para no errar tiro, y cada jefe hará cesar este fuego siempre que reconozca ser poco el efecto que produce por la sobrada distancia a que se halla del enemigo. Esto evitará el inútil consumo de municiones y hará nuestro fuego mas temible a los contrarios.

Los moros, acostumbrados con frecuencia a fingir unos ataques violentos, y a la menor resistencia retirarse en desorden para atraer a sus contrarios a alguna emboscada que suelen dejar preparada en los barrancos inmediatos o a cubierto de alguna altura o bosque, se impondrá a toda la tropa de este ardid para que no se deje sorprender.

Siempre que una tropa tenga fundado recelo de que pueda el enemigo rodearla, doblará su fondo, y verificando se el ataque, aunque sea por vanguardia, retaguardia y costados, hará con la mayor constancia y serenidad sus fuegos, asegurada de que con esta defensa serán infructuosos cuantos esfuerzos pueda hacer el enemigo contra una tropa que se halla en tan ventajosa formación, conoce su fuerza y está resucita a no ceder a una desordenada y débil multitud.

El cuadro es entre todas las formaciones la peor contra los moros, da mayor objeto para el fuego que hace su gente esparcida, y penetrando en el los enemigos (como es fácil suceda) con algún corto número de caballería que se dispara con ceguedad, es segura la confusión y derrota del cuadro, por no poder la tropa de él usar de su fuego sin matarse unos a otros, que de todas las desgracias que pueden acaecer en la guerra es la que hace vacilar mas la constancia del soldado. Este peligro se evitará siempre uniendo la tropa a seis de fondo.

Si en alguno de aquellos rápidos y violentos. ataques que hace alguna porción de moros para granjear reputación entre los suyos, llegasen el caso de apoderarse de alguna artillería, la tropa destinada a su custodia ni la que esté inmediata no desliará su formación para defenderla ni destacará para esto tropa alguna que pueda perderse. En estos casos y los de igual naturaleza se mantendrá la tropa en su formación con unión y firmeza para rechazar al enemigo con su fuego que hará en la forma ya prevenida.

La naturaleza de esta expedición proporciona a nuestra caballería la gran ventaja de no llevar grupa alguna en las acciones de guerra, y aun para su mayor soltura y ligereza, podrá la tropa ir en chupa en las más de las ocasiones. Con esto, alimentar bien los caballos, enterar a la tropa de los ardides de los moros y su poca constancia en los empeños cuando hallan resistencia, una pequeña porción de nuestra caballería vencerá a la de los moros, aunque muy superior en número.

Nunca se empeñará nuestra caballería contra la de los moros sin ir sostenida con partidas de infantería. Estas se apostarán en el terreno más ventajoso, y en caso de retirarse la caballería y seguirla la de los enemigos, cubrirá la infantería sus costados y se colocarán en los intervalos de los escuadrones las partidas que se habrán nombrado con anticipación para este efecto.

El fuego graneado que hará esta infantería rechazará presto al enemigo y nuestra caballería podrá entonces cargarla muy a su salvo, pero sin alejarse.

Siempre que se mandare a nuestra caballería atacar a la infantería contraria lo hará con la mayor intrepidez, destacando siempre partidillas para coger el flanco y retaguardia. El general que ordenase este ataque adelantará alguna infantería para sostener su caballería y tomará las providencias convenientes para que durante el ataque de los moros no pueda rodear la nuestra.

Es importantísimo, y particularmente a los principios, el no empeñar acción alguna sin la posible seguridad de sernos el éxito favorable. La menor ventaja o pérdida suele alentar o abatir a los contrarios, que es objeto de mucha consideración.

Ningún soldado durante las acciones de guerra podrá, so pena de la vida, separarse de su tropa ni aun después, sin licencia expresa de su general o comandante en jefe, sea para llevar heridos o con otro cualquier pretexto.

En caso de darse el asalto a alguna plaza enemiga, el general que mandare, los jefes de los cuerpos y cada oficial en la parte que le toca serán responsables de que ningún soldado se separe de su formación, sin expresa licencia del general o comandante de aquella tropa. El que faltare a esta obligación que se intimará por bando, tendrá pena de muerte, y a todos los oficiales de la compañía se suspenderá de sus empleos. La menor negligencia en este asunto podría causar la pérdida de la misma tropa, y aun cuando no hubiera tan justo y grave motivo para imponer esta pena, sería indigno de vivir entre sus honrados compañeros el que llevado de la codicia o cobardía los abandonase en los peligros.

Sobre el desembarco

Aunque se extenderán separadamente las órdenes para el desembarco de la tropa, arregladas a la situación del terreno y al número y disposiciones del enemigo, he tenido por conveniente hacer ahora las siguientes prevenciones generales que servirán para todos los casos en que se hubiere de hacer desembarco de tropa en país enemigo.

Queda la tropa embarcada por compañías, separada la de granaderos, y todos con la posible unión, a fin de que sus respectivos oficiales pongan cuidado en la navegación, tenerlas prontas para el desembarco cuando se ordenare y conducirlas a tierra en estado de rechazar al enemigo.

En las embarcaciones se tendrán las armas en disposición de poderlas sacar con prontitud, irán colocadas de modo que no puedan padecer en la navegación, y los soldados tendrán asimismo a mano sus cartucheras.

El oficial comandante que fuere en cada lancha o bote con tropa de desembarco por ningún motivo permitirá en ésta ni en la marinería voces ni gritería. Estarán todos con sumo silencio para oír mejor y ejecutar prontísima mente cuanto se les ordenare, y si algún oficial faltare al cumplimiento de esta importante orden, se le hará el cargo que corresponda.

La tropa para el desembarco llevará llenas las pequeñas botas que tiene cada soldado, poniendo dos tercios de agua y uno de vino, y si alguno prefiriere vinagre al vino se le subministrará.

Cada soldado de los destinados al desembarco llevará tres buenas piedras, sus cartucheras llenas de cartuchos y en sus faltriqueras seis pequeños paquetes que sean de diez cartuchos cada uno. Llevará asimismo dos galletas, y en las embarcaciones de transporte se harán todos los ranchos, para que después de rechazado el enemigo y bien apostada la tropa, pueda esta alimentarse.

Desde el instante del desembarco ningún oficial ni soldado saldrá del campamento de su propio batallón. Los jefes de los cuerpos pedirán al general que les mande los auxilios que necesitaren, quedando a mi cuidado el dar las providencias mas conducentes a que nada les falte.

Para hacer los ranchos se dejarán los soldados más nuevos o algún convaleciente, si le hubiese en las compañías, cuidando los jefes atentamente de que con motivo de guardar equipaje u otro pretexto no se deje soldado alguno, a excepción de los rancheros que sean indispensables.

Con la tropa del primer desembarco irá el número de trabajadores que prevendrá; cada uno llevará un saco vacío para llenarlo de arena o tierra, un caballo de frisa, un útil de gastador para fortificarse, su cartuchera, fusil y bayoneta. Todos estos trabajadores se unirán inmediatamente en la playa a las órdenes del ingeniero que se destinase para estos trabajos, quien tendrá tres o cuatro subalternos para ayudarle.

Los trabajadores quedan repartidos en cinco compañías de a cien hombres, mandada cada una por dos oficiales y dos sargentos, que serán siempre responsables de su desempeño.

Para los trabajos extraordinarios que hicieren estos mismos trabajadores y la tropa o marinería que se empleare en este servicio, señalará el general un diario o gratificación correspondiente a la calidad del trabajo y al esmero con que lo desempeñaren.

Se llevarán 200 carpinteros repartidos en cuatro divisiones de a cincuenta hombres cada una; cada división de estos tendrá un capataz y un segundo para ayudarle y suplir su falta en caso de enfermedad u otro accidente.

Todo general o comandante en jefe de una tropa reconocerá inmediatamente el terreno de su frente y los caminos por donde pueden venir a él los enemigos y dispondrá prontamente las defensas que pueda. Si hubiere árboles, los hará cortar y unir a donde convenga, sembrará de abrojos el terreno en que pueda formar la caballería enemiga y que estuviere en el alcance del fusil, deshará los caminos en la mejor forma que le sea posible, si hubiere algunas caserías inmediatas al campo las hará ocupar y dispondrá todo lo conducente a la seguridad de su tropa en ellas; pero evitará cuidadosamente el ocupar casa ni puesto alguno distante que pueda empeñar al ejército en su defensa o que exponga a perderse la tropa que lo guarnece.

Los prisioneros serán tratados con humanidad. Sería impropio de la generosidad de la nación el usar de crueldad con los rendidos, y la experiencia de este buen trato podrá producir efectos favorables a la buena causa, a mas de que nunca debemos imitar a los bárbaros en sus vicios ni crueldades.

Siempre que se hicieren algunos prisioneros, se dará inmediatamente parte al general en jefe, y solamente podrá interrogarlos y a solas el general o comandante que mandare en aquel paraje.

Si llegare a nuestros puestos avanzados alguno de los cautivos cristianos que tienen los moros, se les recibirá bien y remitirá inmediatamente al general que mandare la tropa más inmediata. Este prevendrá al cautivo y a quien le fuere conduciendo que no hable con persona alguna hasta que se presente al general del ejército.

Si se aprendiere alguna mujer de los enemigos, el jefe de nuestra tropa la pondrá inmediatamente con separación y segura custodia, a fin de precaver cualquiera violencia o abuso. La religión y el honor de la misma tropa exigen sumo cuidado en evitar todo desorden.

Los generales pondrán especial cuidado en la limpieza de su campo, que la tropa esté bien alimentada y puntualmente asistida de cuanto necesite, sin omitir precaución alguna conducente a su seguridad y salud. Habrá en dos o tres parajes, que se indicarán a los generales, cirujanos y todo lo necesario para la primera curación de los heridos y yo pondré particular atención en que se cuiden con el esmero que merecen los que vierten gloriosamente su sangre en servicio de su rey.

Sobre la orden diaria y mando de los generales

Para enterar diariamente a los generales de mis intenciones, tratar con ellos de las operaciones del ejército y asegurar el acierto en todas, acudirán al paraje y hora que yo les indicare para la orden, y únicamente llevarán consigo a sus ayudantes, sin que ningún oficial de cualquiera graduación que fuese pueda separarse de su batallón sin licencia expresa del general del ejército.

A la hora de la orden entregará cada oficial general al jefe del ejército un papel que explique las novedades ocurridas durante las veinticuatro horas en los cuerpos de su mando y otro que manifieste lo ocurrido con el enemigo y observaciones que haya hecho. Fuera desta hora de la orden, los oficiales generales solo darán parte por escrito o por sus ayudantes al general del ejército de aquellas ocurrencias extraordinarias que merezcan su atención. cuando los oficiales generales vengan a la orden llamarán al brigadier más antiguo que debe sustituir en sus respectivos mandos y le harán todas las prevenciones conducentes a su desempeño.

Recibida la orden por los generales, se restituirán a su destino, llamarán a todos los brigadieres, coroneles o comandantes de cuerpos, les darán el santo y harán aquellas prevenciones generales que comprehendan a todos, y para los asuntos peculiares de cada cuerpo tratarán a solas con el brigadier y jefe de él. Con este método será prontísima la comunicación de las órdenes, no habrá equivocaciones, se guardará mejor el secreto, cada individuo solo sabrá de las disposiciones la parte que le toca, los oficiales estarán siempre en el campo para emprender contra el enemigo lo que convenga, o resistir a sus ataques, y los oficiales generales, perfectamente instruidos de las intenciones del jefe del ejército tomarán con más acierto las providencias para cumplirlas.

El celo, amor y gratitud con que todos debemos servir al rey y promover su gloria nos hará llevar con mucha satisfacción cuantas incomodidades y fatigas puedan ser conducentes al logro destos objetos; y estoy cierto que no hay soldado en la expedición que no oyese sin indignación qual quiera especie que pudiera manifestar timidez o disgusto.

Es muy conveniente que cada soldado esté bien persuadido a que esta guerra es justa y necesaria a la monarquía, que va a defender la religión, la libertad de sus conciudadanos, los justos derechos del rey y la gloria de sus armas, que, vencidos, no tendrían límites los tormentos de un enemigo cruel, injusto y bárbaro; pero que victoriosos, será mucha la gloria que resulte a todos y grandes las liberalidades del rey a los que se distingan por su valor y conducta.

Cartagena, 25 de mayo de 1775. El conde de O'reylly.

Número 9

Orden dada a las tropas el 24 de junio en la playa de la plaza de la Asuguia.

El oficial que se halle mandando la tropa embarcada en cualquier buque de comercio observará puntualmente las órdenes siguientes:

1.º Mantendrá siempre una guardia, y si hubiere tres oficiales, habrá uno de guardia el que se relevará de cuatro en cuatro horas. Cada guardia mantendrá una o dos centinelas, y si el número de tropa embarcada lo permitiere, con especial orden para avisar si los buques de guerra tirasen algún cañonazo o pusiesen alguna bandera o señal, y si, según previene la instrucción dada por el comandante general de marina, vigilara el oficial comandante de la tropa que el patrón o capitán de la embarcación ejecute puntualmente lo que corresponde, y si viere resistencia u omisión que no pudiere remediar por sí, acudirá a la mas inmediata embarcación del rey.

2.º Si hubiere poca tropa en la embarcación, proporcionará la guardia a su número; pero nunca dejará de haberla con su centinela, y el comandante cuidará por sí mismo que la guardia esté con la mayor vigilancia.

3.º Cada comandante se enterará bien de las señales dadas en la instrucción del comandante general de marina para vigilar su cumplimiento, sin permitir que los capitanes o patronos, por su desidia u omisión, falten a lo más mínimo a su desempeño.

4.º La unión del convoy es el objeto de mayor consideración para el feliz éxito de la expedición; cada comandante estrechará al capitán o patrón de su buque para que no se quede atrás y mantenga su lugar, y para el logro de esto es preciso que la guardia esté vigilante de día y de noche, y que cada oficial, y aun la tropa, conozca la importancia, y que el mismo comandante no omita prevención ni cuidado en lo que tanto interesa al servicio del rey.

5.º Si para las maniobras que ocurran en las embarcaciones de transporte pudiere ayudar la tropa, lo harán para que sean mas pronta y no sirva de pretexto a los patrones para dilatarlas el tener poca gente.

6.º cuando se haga la señal de ponerse a la vela del actual surgidero, el comandante hará trabajar la marinería y tropa con la mayor eficacia para que salgan a la mar con la brevedad posible, y lo mismo practicarán en el caso que fuere preciso arribar a otro paraje.

7.º En el actual surgidero no permitirán los señores comandantes que soldado ni aun oficial alguno desembarque, a fin de que todos estén prontos para hacerse a la vela en el caso de hacerse la señal.

8.º Si algún temporal separase alguna embarcación del convoy, el comandante de ella no permitirá que persona alguna baxe a tierra, y solo el mismo comandante podrá verse con el gobernador, si fuere en una plaza, arreglándose exactamente al pliego cerrado que para este caso tiene del comandante general de marina.

9.º Es muy conveniente que los oficiales y tropa traten bien a los patronos y marinería de las embarcaciones. La buena voluntad de estos hará mas útil y eficaz su concurrencia a los objetos del servicio.

10.º El desempeño del comandante y oficiales les servirá de particular recomendación para el comandante general, quien graduara cualquiera omisión de grabe falta.

El coronel don Agustín Villers, primer ayudante mayor de Guardias Walonas, comunicará esta orden, y todas las personas sugetas a mi mando le reconocerán por mi primer ayudante de campo y cumplirán quantas órdenes les diere en mi nombre. A bordo del Velasco, 24 de junio de 1775. El conde de O'reylli.

Número 10

Orden dada a la marina el 24 de junio en la playa de la Asuguia.

1.º Don Francisco Hidalgo de Cisneros previene que hallándose destinado particularmente de orden de S. E. como igualmente del Excmo. señor conde de O'reylli, el coronel ayudante mayor de Guardias Walonas y su primer ayudante de campo don Agustín Villers para acudir oportunamente a cuanto acaezca durante la poca permanencia en este surgidero, obserbarán y harán que se verifique puntualmente en todas las embarcaciones de sus respectivas divisiones los puntos siguientes.

2.º Que nadie baje a tierra, sin distinción de sugetos; que no se permita por pretexto alguno atraque a bordo barquillo de la costa con motivo de vender víveres ni pescado.

3.º Que las embarcaciones de pólvora se procure en el modo posible separarlas de todo el convoy, bien que en pasaje que disfruten del mismo abrigo; que rondarán día y noche por todo el convoy las lanchas de todos los jabeques y galeotas con un oficial de guerra, como está prevenido, para evitar el fuego, quimeras y demás que pueda acaezer, principiando la escala con los dichos desde luego que se promulgue esta orden, y seguirán en los mismos términos las fragatas y urcas audiendo a tomar la orden a la nombrada Santa Marta, y últimamente puntualizarán las órdenes expedidas hasta aquí, combinándolas a un fondeadero abierto y expuesto a la introdución de qual quiera enemigo, por cuya razón es necesario la mayor vigilancia para el cumplimiento de ellas, dando parte de cuanto ocurra inmediatamente de lo que necesite pronta providencia.

4.º Se hallarán vigilantes a dar la vela al momento que se haga la señal por esta fragata, en cuyo caso embiarán todos los buques de guerra sus embarcaciones menores con un oficial a los barcos de sus divisiones para que todos lo pongan en práctica inmediatamente.

5.º Al pie de las prevenciones impresas con que empieza el cuaderno de señales del convoy, hay una de mano escrita por la qual se manda expresamente que los buques de guerra de las divisiones marchantes executen todos los movimientos que se prevengan a estos, y lo mismo harán las cuatro bombardas.

6.º Además es claro que la asignación de buques determinados a cada división tiene por principio el que no las hayan de abandonar en ninguna maniobra, excepto cuando particularmente se les presente otra cosa.

7.º Los comandantes de división avisarán a todas las embarcaciones y de ella acudan a la fragata Santa Marta el oficial más antiguo de la tropa, cuya graduación sea de teniente coronel y de este para arriba el oficial o ayudante que destine en las embarcaciones donde haya oficial sin tropa deberá ir el oficial más antiguo. A bordo de la fragata Santa Marta, 24 de junio de 1775. Don Francisco Hidalgo Cisneros

Número 11

Plano del fondeadero de la escuadra en la bahía de Argel.

Número 12

Orden del día 2 de julio de 1775.

Mañana, 3 del corriente, se hará el desembarco del ejército en la playa que hay desde el río Jarach a la ciudad de Argel. Dicho río quedará a la izquierda y la derecha se acercará a la ciudad lo que se pueda, sin exponerse al fuego de su artillería ni al del castillo nuevo que está inmediato.

Se tendrán presentes para su puntual cumplimiento las prevenciones generales que explica mi instrucción de 25 de mayo próximo pasado.

Cada uno de los generales y brigadieres irán con sus respectivas brigadas y desembarcarán con los granaderos.

En el día de hoy y después de comer la tropa, se unirá cada regimiento en el menor número de buques que pudiere, evitando la sobrada estrechez, y si bilviere compañías repartidas en diferentes buques, se unirán si fuere posible.

Los buques en que está la tropa de cada brigada se pondrán juntos en una línea para facilitar su desembarco.

Se hará oy el reparto de las lanchas y botes para el de su tropa, y formarán estas una columna a cuya cabeza habrá una galeota con un oficial de marina inteligente para su dirección.

La tropa se pondrá en las lanchas y botes a las doce de la noche y con todo silencio se acercarán a tierra bajo de la dirección del oficial de marina, y a la señal de una bandera roja con cuadro azul debajo de la española que se hará al amanecer, se acercarán todos a la playa y harán el desembarco con la prontitud posible, teniendo antes cuidado de sondear para que la tropa no esté expuesta a ningún riesgo.

El general de cada brigada irá con la primera columna, y en llegando a tierra sus embarcaciones, dará la orden para que la tropa desembarque, marchando prontamente a tierra, formará y unirá la tropa con toda celeridad para rechazar con intrepidez cualquier ataque que intentare el enemigo.

Las lanchas destinadas a cada brigada repetirán sus viajes con toda celeridad a concluir el desembarco, y para esto se destinará un ayudante con algunos sargentos de cada regimiento para ir y volver con las suyas,.

En el primer embarco irán los granaderos, y seguirán las compañías por su antigüedad.

En el desembarco cada brigada se colocará en su lugar de batalla, formando una columna que tenga una compañía de frente y a seis de fondo.

Habrá grande cuidado en que la tropa no moje sus armas ni sus cartuchos, y desde ahora se les prevendrá que tengan uno y otro en el mejor estado.

Si la tropa no tuviere el número de cartuchos prevenidos en la instrucción general, acudirá a tomarlos en el navío marchante el San Joseph, cuyo paradero se les indicará en este bordo.

A cada batallón se repartirán hoy doscientos útiles gastadores, que terciarán a su espalda atándolos con una cuerda o a las correas de su fusil. También se les darán doscientos sacos para tierra.

En llegando la artillería de cuatro a ocho se colocarán cuatro cañones a la cabeza de cada brigada, y este número se aumentará según lo exijan los circunstancias cuando se haga el desembarco de mayor número.

El desembarco de la caballería se hará luego que se concluya el de la infantería, y para facilitarlo, se acercarán sus buques a tierra cuanto sea posible. Los brigadieres y coroneles asistirán ellos mismos a este desembarco y no omitirán precaución ni diligencia para que se haga con la mayor prontitud y buen orden.

La caballería se irá formando detrás de la infantería, para moverse, esperará las órdenes del general.

Hay lanchas y botes destinados para el desembarco de la artillería, con todos los auxilios conducentes a que se ejecute con la mayor prontitud.

El desembarco quedará auxiliado con el fuego de cuatro navíos, seis fragatas y seis jabeques colocados en la extensión de la línea, y las siete galeotas y dos lanchas cañoneras se acercarán más a tierra. Este respetable fuego facilitará mucho el desembarco y total unión de la tropa.-El conde de O'reylli.

Número 13

Orden dada a la marina el 2 de julio en Argel

1.º Don Francisco Hidalgo de Cisneros, brigadier de la Real Armada y mayor general de la escuadra del mando del Excmo. señor don Pedro Castejón, previene de su orden que, teniendo determinado el Excmo. señor conde de O'reylli desembarcar el ejército mañana 3 del corriente al rayar el alba en la playa occidental del río Jarach para verificar los auxilios, le ha pedido en papel de esta mañana se observe lo siguiente:

2.º Que el navío San Raphael se sitúe en siete brazas de agua, mas o menos, según convenga, al N. NO. del fuerte de la izquierda de dicho río acoderado para batirle.

3.º El Diligente un cable al O. NO. de San Raphael, con el mismo fin.

4.º La fragata Santa María inmediata a dicho navío San Raphael por su N. NE. y pronta para acercarse más a la playa a acabar de batir el mismo fuerte, si conviene, ayudando los fuegos de los navíos.

5.º El navío El Belasco al NO. o al O. NO. del navío Diligente, distancia, cinco cables.

7.º (sic) El Oriente al O. NO. del San Joseph y un solo cable de distancia.

8.º La fragata Golondrina, toscana, inmediata al navío Diligente por su parte de N., a pique de un andote, para que, dejándole por codera, pueda avanzarse hacia el S. SO. hasta la mayor cercanía necesaria a la playa para el O. de dicho navío, fondeando después a ancla o andote, según convenga, para dar el costado a la playa.

9.º La fragata Santa Lucía, toscana, estruiría (?) en los mismos términos con el claro que dejan Diligente y Belasco, un poco fuera de ellos, y también en la línea O. NO. y E. SE.

10.º La fragata Santa Dorotea, la Carmen y la Santa Margarita, en los mismos términos, en el claro que dejan Belasco y San Joseph.

11.º Los tres Jabeques batidores, junto a estas fragatas, un poco fuera de ellas y prontos a avanzarse a cubrir el ala derecha del desembarque.

12.º Los jabeques Andaluz, San Sebastián, y San Luis, inmediatos a las fragatas toscanas Arviria y Santa Lucía, por su parte de afuera, prontos a avanzar a cubrir el ala izquierda del desembarco.

13.º Las fragatas Santa Bárbara y Santa Teresa, en una linca paralela a la playa, a tiro corto de ella y buena distancia al E. de la fragata, Santa María.

14.º Que desde esta tarde se preparen para ir a su lugar los buques arriba nombrados, de modo que puedan moverse a las nueve y media de la noche, ejecutándose con tal silencio que se manifieste en el celo por el mejor logro de un punto de esta importancia.

15.º Que situados los buques en su lugar, vengan todas las embarcaciones menores y se sitúen en buen orden con silencio al costado de este navío, para distribuirlas a recibir la tropa.

Situación de galeotas

16.º San Carlos, 1.ª de la derecha, que quiere decir N. NO. de San Joseph, y un poco fuera de fragatas o jabeques batidores de este sitio.

17.º Brillante, 2.ª de la derecha, un cable distante a E. SE. de la San Carlos.

18.º Concepción, 3.ª de la derecha, dos cables distante al E. SE. de la Brillante.

19.º San Antonio, centro de galeotas, distante menos de un cable al E. SE. de la Concepción.

20.º San Francisco, 3.ª de la izquierda, distante menos de un cable al E. SE. de la San Antonio.

21.º San Joseph, 2.ª de la izquierda, distante menos de dos cables al E. SE. del San Francisco.

22.º Golondrina, 1.ª de la izquierda, un cable al E. SE. de la San Joseph.

Nota

23.º Las divisiones se han de contar de derecha a izquierda, esto es, que la de San Carlos será cabeza de la primera, y la Golondrina de la séptima.

Reparto de lanchas

24.º Las de las fragatas Palas, Santa María, Santa Bárbara, Santa Teresa, Santa Lucía y Santa Clara con sus cañones de batir y artilleros del ejército, auxiliándose con sus mismos botes, para que no deje de llevarse todos los pertrechos correspondientes, y se les pondrá una equijasón escogida, con un buen oficial de mar a las órdenes de otro de guerra, para la viva maniobra de poner el todo en tierra.

25.º Desembarcados estos cañones, vendrán a recibir los de la Palires y Santa María, los cuatro de a ocho que hay en la embarcación núm.4 de Santa Bárbara y Santa Teresa, los otros cuatro que hay en la barca núm. 5, la de Santa Lucía, los dos que hay en el Diligente y la Santa Clara, los otros dos que hay en el Oriente. Cumplida esta comisión, se emplearán en la que... principal, no teniendo otra particular.

26.º Las lanchas de San Francisco de Paula, San Joseph, Oriente y Diligente llevarán en el primer desembarco los obuses que tengan, por el poco embarazo que causan.

27.º Las lanchas cañoneras irán detrás de las galeotas, tres de la izquierda y tres de la derecha.

28.º Todas las lanchas del transporte acudirán al pelotón de embarcaciones de infantería a recibir la que pudiesen contener, y a la hora que se señale saldrán a formar a retaguardia de la galeota de su respectiva división, según estuviese señalada a los cuerpos que se embarcan.

29.º Las lanchas y botes de navíos y las de fragatas, jabeques, urcas y demás, no empleadas en cañones, seguirán buscando la tropa del desembarco. Los buques de guerra manifestarán tenerla izando bandera inglesa al tope mayor y los marchantes manteniendo su banderola de infantería que arriarán cuando la hubiesen desembarcado.

30.º Después saldrán las órdenes de los trabajos de las embarcaciones menores, así de guerra como marchantes, prohibiéndose el que por ningún pretexto de comer se retiren a sus bordos sin permiso expreso.

31.º Dos paquebotes, Guarnizo y Martí, enviarán sus embarcaciones a disposición de don Joseph de Ozes, teniente de artillería del ejército, que se halla en la fragata Esmeralda.

32.º En todo buque de guerra se pondrá un oficial en las lanchas o botes que saliesen de él con tropa, y a más un guardia marina en las que se pueda.

33.º Todos los oficiales de marina se esmerarán en que por las embarcaciones en que no los hay se conserve el buen, orden con que se debe bogar, y no menos a una con los del ejército el que pide el desembarco, y encarga S. E. se lea de nuevo y estudie su instrucción sobre el particular. Navío Velasco, 2 de julio de 1775. Don Francisco Hidalgo de Cisneros.

Número 14

Orden dada a la marina el 4 de julio en Argel
Don Francisco Hidalgo de Cisneros

1.º Pues conseguida la salida de esta bahía, procurarán desparcirse las fragatas, jabeques y galeotas con el fin de conservarse unido el convoy, quedándose algunas a retaguardia hasta introducir a todos al fondeadero en el cual deberán situarse las fragatas EO. o bien NE. SO. a un cable de distancia, formando una línea con la Santa Clara, que se apostará en el centro para situarse acoderado a un tiro de fusil corto de la playa. Sus colaterales de la derecha serán la Carmen, Margarita, Liebre y Esmeralda, y las que forman el ala izquierda la Palas, Teresa y Santa Rosa.

2.º Los jabeques y galeotas se situarán en los claros de las ocho fragatas, tomando los extremos de su línea. El Atrevido a la derecha y el Gamo a la izquierda, dispuestos a prolongarse a proporción de lo que se dilata el frente de la tropa que se desembarque, para cubrir con sus fuegos los costados de este, y las galeotas a la señal que se haga por el desembarco a la playa, siguiendo a estas las lanchas de tropa con el orden posible, formando una línea de frente para desembarcar a un tiempo, sin confusión y con las precauciones que en las anteriores órdenes están prevenidas, procurando solo la eficacia y actitud que debe verificarse por los comandantes y oficiales de guerra, así para los fuegos de sus embarcaciones a los objetos que se nos presente, como para efectuar el mas pronto desembarco, avivando a los patrones de las embarcaciones menores a que no retarden un momento en ir y venir hasta dejarlo todo evacuado, previniendo a todos generalmente que la señal de embarcar la tropa en sus lanchas e igualmente los de guerra, será una bandera azul con cuadro blanco debajo de la española directora al tope mayor.

3.º La señal de romper el fuego será la que es, una bandera listada azul debajo de la directora, a cuyo tiempo, y sin esperar otra orden, seguirá la columna a las galeotas y a las lanchas de guerra que deberán tornar las cabezas de estas, por no ser suficientes el número de las que haya con la mayor prontitud. Navío Velasco, 4 de julio de 1775. Francisco Hidalgo Cisneros

Nota

4.º Que todo el convoy, particularmente el de infantería y caballería, se colocarán en la línea de fragatas y jabeques a la parte de fuera, para estar próximo al desembarco.

5.º Colocación de jabeques de esta expedición: Gamo, San Antonio, Garzota, Pilar, Atrevido. Idem de galcotas: San Carlos, Brillante, San Antonio, Golondrina y San Joseph.

6.º Reparto de lanchas para el desembarco. Las de todas las marchantes, siendo quasi todas de embarcaciones de infantería, se ocuparán en el frente de transporte de la misma tropa. Las embarcaciones que haya de buques de otra especie se aplicarán a embarcaciones determinadas. Los mismos oficiales de los cuerpos deberán buscar la unión de su brigada en el orden determinado de batalla. Dispuesto esto para proceder el desembarco, se aportarán las cinco galeotas; San Carlos y Brillante a la izquierda, dejando un claro, el que pidan la formación de las lanchas. Estas y los botes por brigadas formarán en el claro de los dos cuerpos de galeotas, un poco atrasado a su línea. Cada brigada formará en columna a iguales frentes, sin pararse en que sean con iguales líneas cada columna, pues pende del número de lanchas que queda cada brigada. la lancha del jabeque Gamo será cabeza y centro de la columna de la primera brigada, la del Atrevido primera de la segunda, la del Garzota primera de la tercera, la del San Antonio primera de la cuarta, la del Pilar primera de la quinta, la de la fragata Liebre primera de la sexta, la de la Esmeralda primera de la séptima.

7.º Las de las fragatas Carmen, Margarita, Clara, Palas y Teresa irán con sus dos cañones de batallón, cada una repartida en las cinco primeras brigadas y desembarcados dichos cañones, irá la Santa Teresa a recibir los dos de la fragata

Liebre y las otras cuatro los seis de a 8 que hay en las dos barcas núm. 4 y núm. 123.

8.º El bote del Velasco y los de las cuatro urcas se ocuparán en la primera brigada; los dos de San Francisco en la segunda, los dos de Oriente en la tercera, los dos de San Raphael en la cuarta, los dos del Diligente en la quinta.

9.º Los de las fragatas Bárbara y Lucía con la sexta y los de las Marta y Dorotea con la séptima. Los de los buques de guerra que van al desembarco se emplearán en su respectiva tropa, y concluido el desembarco, en la de las brigadas a que aquella pertenezca. Las lanchas cañoneras deberán situarse delante en el centro de las dos brigadas del centro y marchar así para el sitio del desempeño, colocándose después donde se les prevenga.

10.º En cada columna o brigada se situarán las líneas primeras de modo que no se embaracen los remos de una lancha con los de la inmediata, que quiere decir distancia de 6 pies unos de otros, y entre brigada un espacio como de 20 varas que las distinga, en cuyo claro y un poco detrás será el sitio de la lancha de fragata que condujese los dos cañones de batallón. Las demás líneas de la columna de cada brigada ocuparán los claros de la que precede y a distancia de seis brazas de ella.

Distribución de los botes que han de llevar de remolque las embarcaciones que se dirán

1.º Del Velasco, a la Santa Clara.
2.º Del San Francisco de Paula, a la Carmen y Margarita.
2.º Del Diligente, a la Liebre y Esmeralda.
2.º Del Oriente, a Palas y Santa Teresa.
2.º Del San Joseph, a Santa Rosa y Gamo.
2.º Del San, Raphael, a San Antonio y Atrevido.

1.º De Santa Dorotea, a la Garzota.
1.º De Santa Marta, al Pilar.
1.º De Santa Lucía, a la fragata núm. 124, sueca.
1.º De Santa Bárbara, a la galera San Antonio.
1.º De la Presentación, a la San Carlos.
1.º De la Anunciación, a la Brillante.
1.º De Santa Polonia, a la Golondrina.

Número 15

Orden dada a las tropas el 5 de julio

1. En todos los bastimentos que ocupa la brigada se pondrán los ranchos, así los de medio día como los de la noche, y se procurará que el soldado descanse con tiempo, para hallarse dispuesto a la fatiga.

2. A las doce de la noche se embarcará la tropa en cada bordo sobre las lanchas que para ello se proporcionará. Este desembarco deberá hacerse con el mayor silencio, municionada del todo la tropa, llevando los fusiles cargados y ocupando en lanchas o botes en cuanto se pueda el orden de formación en que ha de tomar cada compañía al punto de saltar en tierra.

3. Este orden debe ser el ya prevenido, a seis de fondo, esto es, la segunda mitad de cada compañía detrás y unida con su primera, y en cada lancha o bote observarán los señores oficiales y sargentos el embarcarse y saltar a tierra al tiempo que les corresponde, según el terreno que deben ocupar.

El soldado llevará dos días de ración que no necesite de composición, y en lo demás se tendrá presentes las órdenes dadas. El conde de O'reylli.

Orden dada a la marina el 5 de julio en Argel
Don Francisco Hidalgo de Cisneros, etc.

1. Orden a los comandantes de los buques de guerra de ella. Quede en su valor la formación de línea de navíos y demás concernientes al desembarco del ejército en la playa occidental del río Jarach, sobre que también se darán las instrucciones formales que convenga a los mismos comandantes en la mañana de hoy.

2. Y que por adición a la referida providencia se observe lo siguiente, a saber, que se arregle para la ocupación de lanchas y botes en el desembarco de la tropa a la nota que les presenten los sargentos mayores de las brigadas del ejército, y que los cabos de las divisiones marchantes den sus providencias con arreglo a aquella y de acuerdo con estos lo mismo por su parte los oficiales comandantes que desde luego se nombren para las divisiones que serán los que manden las lanchas de los seis navíos y fragata Dorotea, a saberla del Velasco, don Francisco Ordóñez, la de San Francisco de Paula, don Sebastián. Apocada, la del Oriente, don Antonio Estrada, la del San, Raphael, don Francisco Vargas, la del Diligente, don Josef Valeta, la del San Joseph, don Francisco Ramírez de Cartagena y la de la Dorotea, don Josef Angeler.

3. Y fían ambos excelentísimos señores en el celo de estos sargentos mayores que tomarán sus medidas de distribución para el transporte y desembarco, con tal orden y acierto, que no habrá momento bajo en la ejecución de un objeto que tanto interesa la religión del estado, su honor y el particular, y advierte también que las embarcaciones que se destinan a transportar tropa quedan reservadas para los fines siguientes: para el general de mar y para el del ejército, la del San Francisco de Paula a su bordo, para lo que ahí ocurra, un bote del Velasco, los de las fragatas Esmeralda y Santa Rosa y los de las urcas Anunciación y Presentación a bordo del Velasco a el costado opuesto de su fuego.

4. Las lanchas de las bombardas para lo que se les ofrezca; las de las fragatas toscanas también en auxilio de las bombardas y para acudir al Velasco u otra parte que se llaman con un gallardete español a el peñol de cualesquiera juanete, las de los jabeques Andaluz y Lebrel cerca de las divisiones para remolque por lo que se ofrezca.

5. Las de los jabeques Gamo y Atrevido, San Sebastián y San Luis, para remolcar las planchas de artillería, y varadas estas, que es de primer golpe, se restituirán a su bordo con el mismo fin que las del Lebrel y Gamo.

6. Las de los paquebotes Guarnizo y Marte para el transporte de cartuchería a disposición del oficial de artillería del ejército que está en la fragata Esmeralda.

7. Las de las fragatas Palas, Marta, Bárbara, Lucía, Teresa y Clara con sus botes para el transporte de cañones de a 4 y a 8 en la forma prevenida. La de N.ª S.ª del Carmen y las de los núms. 274 y 275 (7.ª división) para hospital, a disposición del comisario del ejército, la de los números 267 hasta el 276, exceptuadas las dos antedichas, para la conducción de fajinas por lo que se pida. En cada galeota se sacarán cuarenta hombres de mar, depositándose en el navío San Francisco de Paula para los fines que convengan. En cada galeota se apostarán 100 hombres de tropa, que son 700 y estarán a mano para el primer desembarco, los comandantes de ellas los recibirán del cuerpo a cuerpo que se les envié hasta dicho número.

8. S. E. ha conferido provisionalmente los mandos de las galeotas siguientes: La Brillante a don Francisco Santi Esteban; Golondrina a don Baltasar Sesma; San Francisco a don Francisco Velázquez; San Joseph a don Luis -Barona, y la Concepción a don Gaspar Zurita.

Formación de lanchas para el desembarco

9. Las siete galeotas se apostarán en la línea que está mandada en orden anterior, más no en las divisiones con distancia que allí se previno, porque han de situarse la del centro y las tres de la derecha cubriendo este costado de la formación de las lanchas, y las tres de la izquierda cubriendo este otro.

Las lanchas y botes por brigadas formarán en el claro de los cuerpos de galeotas un poco atrasadas a su línea; cada brigada se formará a iguales frentes, de que resulta que quedarán a desiguales columnas por el desigual número de embarcaciones de que se compone, disconformidad que se ha despreciado por preferir en la distribución hecha la facilidad de la inteligencia para el transporte. Las lanchas de los seis navíos y la de la fragata Santa Dorotea serán cabeza y centro de su respectiva brigada. Las lanchas de la primera columna han de situarse de modo que no se embaracen los remos con los de su inmediata, que quiere decir, distancia de seis pies unas de otras, y entre brigada y brigada habrá una especie como de veinte brazas; las demás columnas formarán los claros de la que precede y a distancia de seis brazas de ella. En la segunda columna irán las seis lanchas de fragatas con sus cañones de batallón, una en cada. brigada, menos en la del centro, en la cual irán las que deben remolcar las lanchas de los ocho cañones de a doce, dejándolas en la primera columna el claro suficiente para que puedan varar las planchas al primer golpe. Estudiarase la instrucción impresa, la que entregarán a los comandantes de buques de guerra, a los oficiales destinados en las lanchas de las brigadas y a cualesquiera otro oficial de ejército que tenga destino en su división y las de su para mejor desempeño en su lugar se atenderá a las señales, observando con particular atención la marcha del centro. Le encargo de nuevo el estudio de la instrucción con el cuidado que pide el interés de la causa. Las lanchas cañoneras van en la línea de las galeotas, cada una en el claro de la brigada del centro con su inmediata. Navío Velasco, 5 de julio de 1775. Francisco Hidalgo y Cisneros.

Número 16

Plano ideal que manifiesta la ciudad de Argel, sus baterías y campamentos en la disposición que se hallaron el día 30 de junio de 1775 que llegó a su rada el ejército de S. M. mandado por el Excmo. señor conde de O'reylli, con el proyecto para su ataque y lo que sucedió el día 8 de julio del mismo año.

Libros a la carta

A la carta es un servicio especializado para
empresas,
librerías,
bibliotecas,
editoriales
y centros de enseñanza;
y permite confeccionar libros que, por su formato y concepción, sirven a los propósitos más específicos de estas instituciones.

Las empresas nos encargan ediciones personalizadas para marketing editorial o para regalos institucionales. Y los interesados solicitan, a título personal, ediciones antiguas, o no disponibles en el mercado; y las acompañan con notas y comentarios críticos.

Las ediciones tienen como apoyo un libro de estilo con todo tipo de referencias sobre los criterios de tratamiento tipográfico aplicados a nuestros libros que puede ser consultado en Linkgua-ediciones.com.

Linkgua edita por encargo diferentes versiones de una misma obra con distintos tratamientos ortotipográficos (actualizaciones de carácter divulgativo de un clásico, o versiones estrictamente fieles a la edición original de referencia).

Este servicio de ediciones a la carta le permitirá, si usted se dedica a la enseñanza, tener una forma de hacer pública su interpretación de un texto y, sobre una versión digitalizada «base», usted podrá introducir interpretaciones del texto fuente. Es un tópico que los profesores denuncien en clase los desmanes de una edición, o vayan comentando errores de interpretación de un texto y esta es una solución útil a esa necesidad del mundo académico.

Asimismo publicamos de manera sistemática, en un mismo catálogo, tesis doctorales y actas de congresos académicos, que son distribuidas a través de nuestra Web.

El servicio de «libros a la carta» funciona de dos formas.

1. Tenemos un fondo de libros digitalizados que usted puede personalizar en tiradas de al menos cinco ejemplares. Estas personalizaciones pueden ser de todo tipo: añadir notas de clase para uso de un grupo de estudiantes, introducir logos corporativos para uso con fines de marketing empresarial, etc. etc.

2. Buscamos libros descatalogados de otras editoriales y los reeditamos en tiradas cortas a petición de un cliente.

www.ingramcontent.com/pod-product-compliance
Lightning Source LLC
Chambersburg PA
CBHW051343040426
42453CB00007B/382